Escucha los mensajes de tu cuerpo

La Autora

Graciela Aranda nació en Argentina. Es astróloga e instructora de yoga. Durante los años 1980 y 2002 fue directora del centro de yoga llamado *Light Tool*. Desde 1999 ha producido su propio programa semanal en la radio llamado *Ciudadanos del Alma*, el cual se transmite a través de la Internet. Debido a el éxito en este programa, abandonó su trabajo en el centro de yoga.

Graciela dirige seminarios sobre temas metafísicos y espirituales, y ha estado enseñando yoga y astrología por más de 20 años. Ha escrito cuatro libros, pero esta obra es su primer intento en publicar su trabajo. Cada año viaja a los Estados Unidos en su deseo de investigar y expandir su conocimiento.

Muchos de los autores de Llewellyn tienen sitios en Internet con información y recursos adicionales. Por favor visítenos en:

http://www.llewellynespanol.com

GRACIELA ARANDA

Escucha

los

mensajes

de

tu cuerpo

Una historia que te revelará una maravillosa técnica
chamánica de sanación a través de los vórtices

Llewellyn Español
Woodbury, Minnesota

PRIMERA EDICIÓN
primera impresión 2007

Coordinación y Edición: Edgar Rojas
Diseño de la Portada: Ellen Dahl
Diseño Interior: Donna Burch
Imagen de la Portada: © Eyewire and DigitalStock

La fotografía de la modelo en la portada es utilizada sólo con propósitos ilustrativos, y no representa o confirma el contenido de esta obra.

Library of Congress Cataloging-in-Publication Data for *Escucha los mensajes de tu cuerpo: una historia que te revelará una maravillosa técnica chamánica de sanación a través de los vórtices* is on file at the Library of Congress.

La información sobre este libro está en trámite en la Biblioteca del Congreso.

ISBN: 978-0-7387-1142-3

Llewellyn Español
Una división de Llewellyn Worldwide, Ltd.
2143 Wooddale Drive, Dpto. 978-0-7387-1142-3
Woodbury, MN 55125, U.S.A.
www.llewellynespanol.com

Impreso en los Estados Unidos de América

Contenido

Contenido

Introducción

La ciencia moderna continúa enfocando su atención y recursos en la producción de poderosas máquinas y nuevas fuentes energéticas. Desafortunadamente, ha prestado muy poca atención al funcionamiento de la "máquina" más completa y avanzada de todas: el ser humano. Las disciplinas tradicionales como la medicina, la psicología, la filosofía, etcétera, han terminado por desmembrar al hombre escindiéndolo de su condición holística. Al dejar de considerarlo como un ser holístico que funciona a base y dentro de un bio-sistema energético, lo alejaron definitivamente de su poder más importante: el pensamiento consciente.

El ser humano es una bio-máquina holística y compleja, compuesta de tres elementos distintos pero integrados: el psíquico, el físico y el espiritual. Esta bio-máquina está compuesta de centros energéticos llamados vórtices que permanentemente están expuestos a energías negativas y positivas. La energía que emanamos o recibimos no siempre es beneficiosa, si no que generalmente proviene de un entorno desordenado, de problemas psíquicos y de instancias espirituales no resueltas, asechando permanentemente la débil condición humana. Si el hombre no desarrolla la conciencia que le permite percibir la influencia que dichas energías tienen sobre sus centros energéticos, será preso de una constante desarmonía. El pensamiento consciente es la más poderosa energía que poseemos para contrarrestar aquellas influencias negativas, que causan la desintegración de nuestra bio-máquina y sus consecuentes enfermedades.

Estos centros energéticos o vórtices se encuentran alineados en coordenadas muy puntuales de nuestros cuerpos físico y psíquico, y actúan directamente sobre ellos. No debemos confundir el término vórtice con chakra, pues cuando definimos a los chakras decimos que son puntos, centros energéticos o vórtices por donde ingresa determinada energía, y es correcto definirlos así. No obstante, no contamos solamente con esos siete centros energéticos para el ingreso de energía a nuestro cuerpo sutil. Hay otros a los que llamamos "específicamente vórtices", los cuales cumplen la función de transmutar las desarmonías instaladas en diferentes órganos o instancias psíquicas concretas. Estos vórtices tienen una relación directa con problemas psico-físicos, más que fundamentalmente espirituales, como en el caso de los chakras.

El óptimo funcionamiento del cerebro, las glándulas y los órganos es definido por una continua coordinación de señales y órdenes bio-energéticas. Los vórtices son parte integral de este bio-sistema porque son los centros que continuamente lo estimulan, y que luego actuará sobre nuestra psique y cuerpo físico. ¿Pero, dónde se genera la energía, las "órdenes" y "señales", que permiten el funcionamiento balanceado de este sistema? En la energía que surge del pensamiento consciente.

La energía del ser humano cambia su nivel vibratorio a medida que la conciencia de la persona evoluciona y por lo tanto *el pensamiento, desde este nivel de conciencia, es de carácter sanador.* Si aprendemos a usarlo para generar la energía que estimulará los vórtices y equilibrar el desbalance energético, lograremos contrarrestar las enfermedades permitiéndonos funcionar como un sistema integrado y armónico.

Para todos aquellos que, intuitivamente, reconocen que son mucho más que cuerpos compuestos de "partes orgánicas" que, cuando se "enferman", deben contar irremediablemente con la acción invasora del bisturí o la traumática "colaboración" de fármacos, este libro indaga y pretende responder con otras alternativas para la curación de nuestro ser. El entender que somos una máquina bio-energética que funciona a partir de un equilibrado y perfecto sistema de vórtices, energizados conscientemente, es la clave para lograr la *buena salud.*

Las tradiciones orientales, místicas y chamánicas siempre han conceptualizado al cuerpo humano como una expresión de diferentes niveles energéticos que se extiende más allá de lo físico. Afirman que las enfermedades son una consecuencia de ese desbalance energético. Por lo tanto, han desarrollado distintas técnicas —caminos interiores— para llegar hasta la raíz del mal y desde allí poner orden a esa desarmonía.

Este libro pretende introducir una nueva técnica chamánica de sanación a través de los vórtices.

Cuando salí en busca de Roberta Linhares, jamás pensé que el encuentro con esa poderosa chamana andina, la más poderosa de estos tiempos, al decir de sus "colegas",

me iba a deparar tan importante mensaje para mis semejantes: transmitir el concepto de los vórtices, que dicho sea
de paso, era la primera vez que se iba a oír sobre este tema,
pues nadie antes conocía algo sobre estos puntos energéticos que logran ayudarnos con enfermedades como la alergia, la diabetes, el colesterol, el alzhaimer, la depresión, la
obesidad, la hemorroides, el parkinson, la artritis, las enfermedades nerviosas, las fobias y muchas más.

Conceptos espirituales, filosóficos y psicológicos forman
parte de un lenguaje cotidiano de esta gente que, casi
aislada en un pueblecito peruano, guarda una sabiduría
ancestral más allá de lo imaginable.

Evitar, aliviar o sanar estas enfermedades es una necesidad imperiosa en esta sociedad marcada cada vez más
por dolencias físicas y psíquicas casi inevitables. Recor-
darle, entonces, al hombre actual, cómo hacían y hacen
los chamanes andinos de esta comunidad para poder oír
los mensajes del dolor y así no dejar que las enfermedades se expresen en nosotros, es la función de este libro.

Con técnicas sencillas y prácticas vamos a tratar de
lograr la meta más grandiosa que el hombre pueda
alcanzar: "que el milagro sea una cuestión cotidiana".

"Los vórtices son puertas que podemos
abrir en nuestro cuerpo etérico,
para que el amor haga su amoroso trabajo
y nos allane el camino hacia la transparencia interior;
nunca un ser luminoso adquiere una enfermedad,
vamos a conocer la manera de prender esa luz . . ."

—Roberta Linhares

Encuentro con Roberta Linhares y Ramiro Zúñiga

– En primer lugar, debes saber la diferencia que existe entre las palabras curar y sanar —me dijo sencilla y mansamente—.

Tienen una gran diferencia la una de la otra. El profesional médico cura a su paciente, intenta aliviar su dolor, mejorar su estado de salud, incluso puede hacer que la enfermedad desaparezca totalmente con sus drogas o con las distintas técnicas quirúrgicas. En algunos casos, cuando se revierten enfermedades terminales, ellos le dan un carácter milagroso y, en otros, simplemente usan la palabra "reversión" y así resuelven todo con un solo término.

Los psicólogos y las distintas técnicas que se han incorporado a las actuales terapias hacen un maravilloso trabajo para que el hombre comience a conocerse un poco más, para que pueda responderse algunas de las tantas preguntas existenciales que le causan angustias, dolores, traumas y las infinitas fobias y neurosis inherentes al ser humano. Para realizar su tarea, el psicólogo tradicional llega solamente hasta las vivencias acontecidas en la vida actual del paciente, con el agregado, últimamente, de ancestros de tres o cuatro generaciones, tratando de averiguar algo más, de encontrar más datos sobre las distintas conductas humanas. Como ellos no creen en la reencarnación ni en nada similar, les es más dificultoso, a veces, llegar hasta la raíz del problema del paciente.

Las terapias transpersonales están trabajando con más elementos en este sentido. En cuanto a la *sanación*, ésa sólo la practican los sanadores —personas de espíritu muy evolucionado— que cumplen esa tarea como parte de su misión en la Tierra. La diferencia con los médicos es que los sanadores "creen" y actúan en consecuencia, sabiendo que la enfermedad va a desaparecer, se va a revertir, a transmutar.

En todos los casos, nunca es el curador o el sanador el que hace todo. Es el paciente el que determina el éxito o no del tratamiento, si la ayuda del profesional es suficiente o no, dependiendo del estado de conciencia que haya alcanzado el paciente, pues la conciencia es la llave.

Lamentablemente, pocos saben escuchar los mensajes del dolor. Pocos conocen que el dolor es el gran despertador interior, por lo tanto también son pocos los que han buscado oír el porqué de la desarmonía psíquica o física.

Generalmente dicen que son mandatos del destino enviados por algún dios; injusticias que 'hay que padecer inevitablemente'. En fin, hay cientos de excusas para justificar su ignorancia.

La sanación depende de si el paciente aprendió o no la lección del dolor; frente a esto, poco puede hacer el profesional. Por eso, ante la misma patología, y con antecedentes parecidos, hay pacientes que mejoran rápidamente y otros que mueren. En estos casos, los médicos no se explican muchas veces las razones y padecen culpas y dolor porque creen no haber hecho lo suficiente para salvar a su enfermo. En cuanto a las sanaciones de enfermedades terminales, las palabras 'milagro' o 'reversión' —para darle un carácter más científico— calman un poco los ánimos desconcertados. Nada depende totalmente de ellos, siempre depende totalmente de nosotros.

Otro tema es el dinero. Los sanadores andan por este mundo haciendo su trabajo sin cobrar nada por su tarea, sin ser reconocidos y casi huyendo de los perseguidores de siempre. No podemos pensar de igual modo de la medicina en la actualidad. Lamentablemente tan noble profesión se ve afectada muchas veces por corporaciones donde el dinero es mucho más importante que la salud.

Roberta hablaba y hacía círculos con un lápiz sobre una hoja llena de garabatos, no levantaba los ojos del papel, y su voz era baja, clara y profunda; nada se perdía de su discurso.

– Muchas veces sentí —le dije—, que los médicos sólo arreglaban a la gente, como si fuéramos máquinas rotas o descompuestas, y que en el dinero es donde uno debe poner la eficacia o no del desempeño profesional.

– Creo que exageras un poco —dijo—, casi con algo de vergüenza en su mirada, que alcancé a ver en un leve movimiento que su rostro hizo hacia mí.

– ¿Usted cree que exagero? No me parece que sea así; fíjese en los servicios prestados en los centros de salud pública y en los privados. ¿Conoce estadísticas respecto a la mortandad de pacientes de uno y otro lado? Si la calidad del desempeño médico y de la tecnificación fuera mejor en los sitios más baratos o no arancelados, serían éstos una enorme competencia para las corporaciones privadas y éstas caerían en bancarrota rápidamente. Por lo tanto ellos deben establecer las diferencias para hacer sus negocios.

Hablé más de la cuenta; mi propósito era escucharla, pero no podía con mi genio.

Cuando llegué a la casa de Roberta Linhares, todo estaba como me lo había comentado mi maestro Chi-Sa, su amigo y compañero de experiencias espirituales maravillosas, que concretaron en unas montañas cercanas a esta casa.

Jamás se borrarán de mis recuerdos esas fantásticas experiencias vividas juntos. Cuando Chi-Sa me relataba esos hechos, todo mi ser se conmocionaba por aquellas tremendas vivencias superhumanas —para llamarlas de alguna manera—. Roberta era una gran chamana andina, la más grande según el decir de sus colegas, que jamás son muchos. No es una misión que se pueda ejercer sólo con desearlo o tener necesidad de hacerlo, sino que un enorme poder debe vivir en esa alma, una gran iluminación debe señalarle el camino ascendente hacia la cima de sí misma.

Ahora estaba allí, frente a mí, y sentía su energía en todas partes. La sala donde estábamos sentadas estaba perfectamente limpia, casi imposible de imaginar en medio de tanta tierra y tanto viento otoñal que reinaba en la zona. Desde las montañas más cercanas a la casa se desprendían gran cantidad de pastos y arbustos que ya no resistían la obligada y rigurosa presencia del otoño. Sentía que ella "miraba mis recuerdos"; Chi-Sa me había dicho que esta mujer tenía un alma más evolucionada que la suya, que era un ser sencillo y majestuoso, cotidiano y poderoso.

Yo vine a su país a buscarla . . ., y ella me encontró.

Apareció a mi lado, en aquel hermoso mercado peruano, con su energía acostumbrada, haciendo vibrar todo lo que la rodeaba. A su lado se presiente algo más que una mujer, algo más que humano. A pesar de poner en funcionamiento todo el aparato racional del que uno pueda disponer, ella se encarama por la magia y llega sin definición, sin pensamientos, sin respuestas, hasta el alma y se junta con lo mejor que tenemos, y así se le recibe apenas se le conoce.

– Nunca pienses con límites —continuó—, eso te limitará. Nadie es del todo nada, todos somos un camino hacia lo que intentamos ser. La medicina está haciendo un trabajo denodado en lugares inimaginables del mundo, donde sólo llegan las enfermedades hasta allí, y no podemos pensar que esos médicos serán los millonarios del futuro, pues hacen su trabajo casi como una caridad, sólo por amor a su profesión.

Plegó el papel donde escribía y juntó sus manos, miró la puerta siempre abierta de su casa y puso la mirada más allá del horizonte.

– No creas tampoco que la sanación depende totalmente del chamán, él sólo es un vínculo energético entre el enfermo y la suprema energía. Recuerda que Dios no da nada servido; los milagros son nuestros, dependen del trabajo realizado en todas las encarnaciones, cuanto más conciencia tomes de la verdad, más poseedora de milagros serás. Aunque también debes saber que es muy raro que el chamán llegue al enfermo si él no está preparado para sanarse. El chamán sabe que su energía será la ayuda última que la persona necesita para revertir su karma, porque ya tomó conciencia de la raíz de su mal.

– ¿Cuanto más conciencia, menos enfermedades entonces? —dije tratando de entender.

– Sí, claro —dijo firme—, sólo venimos a aprender, a ser lo más luminosos posible. Las enfermedades son las lecciones no aprendidas, a veces son individuales, y otras grupales, pues tú puedes nacer en un país lleno de plagas y tener que soportar ese karma colectivo por alguna razón. Siempre hay razones cósmicas en todas las cosas que nos suceden, nada es un castigo de Dios, o del destino, no existe la injusticia, tú ya lo sabes, todo tiene una razón; sólo que hay leyes que desconocemos, entonces aplicamos la palabra "injusticia" para darle una explicación a los sucesos negativos que no entendemos.

La ley del karma es la que pone el más perfecto orden en el cosmos. Sé que hay personas que prefieren negarla, porque son como niños esperando siempre la absolución de sus errores por parte de alguna deidad benévola que pasa su tiempo dedicada a justificar las débiles conductas humanas, perdonando nuestras recurrentes y, a veces, atroces equivocaciones, sólo apoyada en su incondicional amor y su infinita comprensión, canjeando ese perdón sólo a través de un arrepentimiento. Sin embargo, no sé hasta qué punto, por lo humano que somos, podemos tener la certeza de que ese sentimiento sea realmente puro.

Existe el karma individual, el familiar y el colectivo. Cuando tenemos una nueva experiencia de vida, regresamos con la suma de aciertos y errores de cada una de las experiencias pasadas y como nada es el resultado de una espontánea casualidad, a nadie le sucede nada sin una causa previa, sin un disparador directamente proporcional al efecto causado.

Lo que demora la evolución humana es la queja. Los cuestionamientos emocionales detienen el progreso del espíritu. Cuando ponemos la emoción al servicio de nuestros comportamientos equivocados, no nos permitimos reconocer alguna razón personal que justifique nuestro error.

Cuando algo positivo nos sucede, es porque esta ley está simplemente devolviendo lo bueno sumado. Ante los errores se acciona el mismo mecanismo de retorno, pero seguramente no será algo maravilloso lo que experimentaremos.

Cuando no compartimos la misma energía de afecto o aceptación con algún miembro de nuestra familia, en vez de poner distancia o enfrentamientos con él, mejor sería detenernos a pensar en qué no congeniamos, para conocer un poco más cuál es el karma familiar que nos toca recomponer. Esto mismo sucede con cada persona que integra nuestro círculo de vínculos cercanos. En cambio, colectivamente, es mucho más difícil armonizar el karma, pues el entendimiento generalizado de un pueblo lleva aparejadas grandes batallas, que demoran muchas veces siglos en ser equilibradas.

No se trata de llenarnos de culpas, ni de resignarnos. Esta ley es la consecuencia de nuestras libres elecciones; estamos en nuestras propias manos, nosotros accionamos la ley de causa y efecto, sólo el conocimiento nos libera de ella, sólo el saber . . ., nos aleja de la queja.

No hay dios juzgando, querida amiga, sólo somos nosotros sumando. Somos los matemáticos de nuestras vidas, cada acto es una suma o una resta, cada suma nos eleva a vibraciones superiores, cada resta nos obliga a repetir la acción hasta que la hagamos conscientemente bien.

El *Karma* o ley de compensaciones, algunos lo llaman suerte o desgracia, tiene un orden casi devastador para el entendimiento de nuestro pequeño cerebro. Esta ley simplemente mide los efectos, aunque irrite a algunos su infalible precisión.

Tenemos que madurar espiritualmente. Deberíamos practicar una nueva conciencia de responsabilidad espiritual y dejar de quejarnos como niños ante los hechos desagradables que nos suceden, como si fuéramos inocentes víctimas de 'la maldad ajena'.

Siempre depende de la madurez espiritual con que enfrentamos la vida, tener miedo o tener paz interior, cuando el bumerán de nuestras acciones regresa.

– ¿Cómo comienza el proceso en el tema del dolor, entonces, Roberta?

– Siempre tenemos, en primera instancia, una oportunidad donde el dolor nos anuncia que la lección que vinimos a aprender no fue aprendida. Por ejemplo: si no nos entendemos con nuestros hijos, la vida nos llena de oportunidades donde podemos ver la razón del desentendimiento, pero si hacemos oídos sordos, nos cegamos a la verdad que podemos estar viendo, nos negamos al diálogo por temor a escuchar lo que no queremos, ponemos distancia con ellos, les ofrecemos ayuda de profesionales y no primeramente la nuestra.

Al enfrentar el problema en vez de negarlo, comienza a aparecer la angustia que luego se transformará en diferentes patologías. Cuando la psique no puede resistir más, el cuerpo físico comienza a descargar esa energía. Es allí cuando las enfermedades pasan a escena.

Tuvimos muchas oportunidades en nuestras manos y al final sólo nos quedamos con la enfermedad como el castigo que nos autoimponemos ante la cobardía que inconscientemente reconocemos. Sonaron las campanas del dolor, como la última alarma que nos proporciona el destino para despertar del sueño de no vernos, y no la oímos.

– ¿Entonces las enfermedades son mensajes que no hemos escuchado?

– Así es, así es, —dijo repitiendo las palabras como un eco casi inaudible, como preguntándose aún: por qué, por qué . . .

Tenemos que oír los mensajes del dolor, para que no se concreten irremediablemente en el cuerpo las enfermedades que pueden terminar con todas nuestras posibilidades, ¿entiendes? —dijo sin esperar respuestas de mi parte. Tú sabes que la única medicina en la que creo es en la del amor y su energía salvadora. Tengo toda mi vida como testimonio de 'los milagros de esa medicina'.

Se levantó sutilmente, casi como una bailarina, dijo que iba preparar una infusión de té de "waco". Su gente la bebe desde hace más de 1.500 años. Puso unas pocas hojitas dentro, dijo que el agua no debe estar muy caliente y que jamás hay que agregarle azúcar. Se lo debe beber como si fuera una ceremonia, sólo un sorbo pequeño por vez, con los ojos preferentemente cerrados y movimientos muy lentos. Su efecto se dejó conocer de inmediato: sentí como un viento interior que recorrió todo mi cuerpo y terminó amontonándose en mis ojos, específicamente en la zona del entrecejo, donde se localiza, según los orientales, 'el tercer ojo'. Leyó mis pensamientos y respondió a eso:

– Esa glándula ve, los ojos sólo miran.

Me dijo que este té era parecido al té de tilo, muy conocido en toda América, pero sus efectos eran muchas veces más intensos. Que relajaba la tensión: cuando todos los músculos están en reposo absoluto —me explicó—, se anulan los reflejos condicionados, y los impulsos cerebrales llegan con mucha lentitud al destino logrando entonces un mayor estado de atención, porque no lo hacemos racionalmente, sino desde algo superior en nosotros, algo más genuino, emparentado con la intuición.

Se paró delante de mí, tomó con sus manos mi cara y la giró hacia donde estaba ella. Pude verla. Supe que ésa era la primera vez que yo veía a alguien. Era como un óvalo gigante de luz, por momentos celeste por momentos blanca. Tenía plena conciencia de que no había llegado a ese estado por mí misma, que ésa fue la ayuda que mi espíritu necesitaba para poder VER, a juzgar por la definición que ella me dio entre ver y mirar.

– Me estás viendo —dijo—, ésta realmente soy yo, así somos todos, variamos los colores, pero éste es nuestro cuerpo real. Ahora presta mucha atención —me pidió—, relájate hasta sentir que no te sientes y sigue mirándome.

No fue fácil entenderla. Yo pensaba que ése era el estado de menor tensión consciente que había logrado en toda mi vida, pero hice un esfuerzo de comprensión y creí entender lo que me estaba pidiendo, desde algún lugar que no provenía de mi razonamiento lógico.

Puse mi mirada más allá de la figura de luz que tenía delante y pude ver siete puntos dentro de ella, como siete pequeños soles de siete colores distintos. Cada uno era como un hueco sin fin desde donde salía e ingresaba energía; latían como corazones pero lentamente.

– Éstos son los chakras —dijo con una voz que sonaba como dentro de una enorme campana. Cada uno de ellos tiene colores y funciones específicos.

La energía color blanco que ves ingresando y saliendo de mi cabeza es el chakra de la corona. Cuando quieras comunicarte con la divinidad suprema, cuando entres en oraciones, ése es el punto que tienes que visualizar.

La energía de color amarillo que ves sobre la zona de la glándula pineal, o el tercer ojo como le dan en llamar, es la que te ayuda a ver, la que debes utilizar cuando necesites realidad; cuando quieras dejar las fantasías, las cegueras que te imponen los miedos y resuelvas ver las cosas como son.

La energía de color verde en la zona de la garganta es el chakra laríngeo, es el chakra del verbo, del mantra sanador, la palabra santa, la palabra que al pronunciarla tiene efectos milagrosos. Desde allí sale la mayor energía que se usa para la sanación.

La energía color naranja localizada en el pecho, o glándula del timo, es la que ayuda a nuestra voluntad. Ella tiene una fuerza poderosa que nos levanta como una hoja en el viento, cuando la ponemos en funcionamiento hace desaparecer todos nuestros miedos.

Mientras Roberta hablaba, mi memoria actuaba como un disco rígido, almacenando cada palabra a la perfección. Antes de que comenzara cada frase, yo sabía perfectamente qué iba a decir, sentía que toda la información ya estaba dentro de mí, que sólo la recordaba unos infrasegundos más tarde de cuando ella la pronunciaba.

Me dejó el tiempo justo para ese pensamiento y luego continuó:

– Ese color magenta que ves en la zona del corazón es el chakra cardíaco; cuando visualizas este punto, todo lo que sale de ti es amor, puro amor.

Ahora puedes ver más abajo en la zona de la boca del estómago. Justo en ese lugar, una luz de color intensamente violeta, es la zona del chakra del plexo solar. Allí se concentra cada reacción emocional que experimentamos diariamente, es el chakra que más sufre agotamiento energético. Deberíamos visualizarlo diariamente, antes de acostarnos y al levantarnos, para transmutar con el color violeta todas las energías negativas que pudiéramos haber sentido. Y más abajo, donde ves esa luz color azul, está el chakra de la raíz, en ese lugar se concentra la energía de kundalini que recorre toda la columna vertebral. Es la fuerza sexual elevada a la enésima potencia de la que el hombre puede registrar en la vida común. No se llega a conocerla sino cuando todos los otros chakras están perfectamente alineados, pues cuando logramos despertarla, ella recorre como una serpiente de luz cada uno de los otros chakras formando un círculo entre su cola y su cabeza, y el hombre alcanza su real condición suprema. Es entonces cuando el ser humano deja de reptar, de ser un anfibio de la creación, y se eleva con alas luminosas hacia su perfecto cielo, hacia su paraíso perdido, hacia sí mismo.

Mi visión, sumada a la perfecta comprensión de lo que veía, había transformado mi estado en un sentimiento de éxtasis total. No podía hablar, no podía llorar, no había lugar para ninguna de estas expresiones . . . Dio media vuelta y quedó a mis espaldas, un remolino color índigo comenzó a correr a lo largo de su columna. Vi una forma de serpiente incandescente duplicando la intensidad de luz y de tamaño, girando en un enloquecido espiral ascendente y descendente desde su cabeza hasta el cóccix, todos los colores del arco iris estaban allí inundando de luz y energía a esa mujer. Cuando toda ella era un capullo gigante de luz hubo un gran silencio, eterno y luminoso, sentí que el silencio me tomó entre sus brazos y que mi alma había al fin hallado su definitiva, necesitada, infinita paz. Kundalini se había manifestado frente a mi como invitándome a beber su poder . . ., y su gloria.

– Puedes recostarte un poco —dijo maternalmente—. No se ofreció a ayudarme, supe que estaba segura de por qué lo hacía, entonces no tuve miedo y fui sola hasta el viejo y cómodo sillón de la sala. Era una nube, allí me dormí.

Desperté a las nueve de la mañana, como luego de dormir una semana entera. Estaba absolutamente relajada y feliz; dentro de mí algo había girado en la espiral ascendente de la evolución, tenía certeza de ello. Estaba feliz y no dependía de nada, reconocí claramente que ese estado estuvo siempre en mí, pero no había tomado conciencia jamás de él, ni de la sencillez de la felicidad. Tal vez el hecho de no sentir ningún temor a que desapareciera en cualquier momento era lo que hacía que la sintiera tan intensamente y allí estaba la diferencia. Experimentaba ese instante como eterno, sin temor a perder esa eternidad.

Era mi segundo día en casa de Roberta, no la había visto hasta ahora limpiarla, sin embargo, estaba impecable. No había una mota de polvo en ninguna parte, y allí ingresaban varias personas cada día, especialmente sus discípulos, a los que atendía diariamente. También venían chamanes andinos a visitarla de vez en cuando, se quedaban varios días recibiendo la tibia hospitalidad de esa mujer. En ese momento éramos dos los visitantes, yo dormía en la sala y, en el cuarto que usaba para transmitir sus enseñanzas a los aprendices, dormía Ramiro Zúñiga, un chamán que viajó varios días para llegar hasta allí. Ella dijo que Ramiro tenía unos ciento diez años. Si no hubiese visto algunas hazañas que me demostró mi maestro Chi-Sa, y no me hubiese contado las que Roberta realizaba, jamás podría pensar que un hombre de esa edad viniera solo, atravesando montañas y ríos, con un pequeño bolso de mano y calzando un par de alpargatas, que leyera sin anteojos el libro que le había acercado uno de los discípulos de Roberta, o que se moviera con la agilidad de un muchacho de 30 años. ¡Cuántas cosas conocería de él en el futuro, dejándome más perpleja aún!

Mi maestro Chi-Sa me había comentando que los chamanes, a diferencia de los gurús, no llevan una vida muy ascética ni rigurosa en códigos y conductas. Ellos se manejan con una sabiduría muy ancestral vinculada con la Tierra, la tierra es su maestra: la naturaleza y sus poderes, la "Pachamama" y su energía.

El espíritu del chamán denota su perfil apenas el niño entra en la primera infancia; heredar esa condición es el privilegio sólo de algún miembro de la familia, tanto hombre como mujer. El linaje de los chamanes está reservado sólo a un par de estas familias, dentro de su territorio, y dicen que, por generaciones, los chamanes reencarnan en los miembros de la misma familia.

Ellos no reciben preparación o iniciación alguna, ni crecen en monasterios o sitios preparados para ese tipo de disciplina espiritual. Las montañas, los valles, las cuevas, los desiertos, son los espacios donde sus rituales y sus conocimientos son puestos a prueba por ellos mismos, pues no hay nadie, ni siquiera otro chamán, que pueda "fiscalizar" el poder o la sabiduría que va alcanzando el futuro chamán.

Un chamán andino, amigo de Chi-Sa: Pedro Yaote, a quien conoció en esta zona, fue quien lo instruyó respecto a sus orígenes y costumbres. Mi maestro notó gran diferencia entre las conductas manifestadas por los chamanes, respecto a los gurús, ya que no hay prolijidad ni ceremonia en sus actitudes o en sus actos. Ellos tienen una especie de inocente irreverencia similar a la de los niños, pueden reírse en medio de un gran acto de magia, en medio de una proeza majestuosa, durante un milagro. No ponen respeto solemne en sus acciones, ponen respeto, punto.

Los chamanes no tienen, por lo general, un lugar donde residen de manera permanente, son magos errantes que se dejan guiar por sus almas y vuelan con ella por los tiempos y los espacios haciendo el bien. Son hombres y mujeres que toman la energía de la tierra y la naturaleza como única asistencia para sus actos de poder. Tanto el hombre como la mujer pueden llegar a esa condición, sin miramientos sexuales ni privilegios masculinos, como sucede, en los temas religiosos o espirituales, en otros sitios del mundo.

El chamán reconoce humilde y sabiamente el enorme poder que vive en la mujer chamana. Ellos saben que poco pueden hacer si la mujer no pudo, casi siempre se alían a una de ellas para compartir la energía y así ser más que uno en la tarea.

El chamán o la chamana andina no buscan la gran iluminación o el Nirvana que los conecte con lo numinoso desde técnicas específicas o una alimentación determinada. Ellos hacen lo que deben, nunca se apartan de la senda, y el poder sigue su tránsito interior, sigue creciendo. Cuando están preparados para expresarlo haciendo el bien a los demás, la luz se prende en la herida que ayudaron a sanar. El Nirvana se alcanza en el conocimiento que entregan. La paz interior es una consecuencia del dar, no del recibir.

La sensación que queda luego de conocer a un chamán, me decía Chi-Sa, es que ellos saben lo que nunca aprendieron, que ellos no hacen nada, sino que las cosas les suceden, que en sus acciones uno puede ver sus comportamientos humanos, pero el viento de sus alas termina por desarmar esa convicción.

Me decía que los chamanes no pretenden solamente la transformación del concepto espiritual del hombre, sino que todo el hombre debe transformarse, pues ellos son mucho más que espíritus elevados. Parece que llevaran otro código humano despertando en su cuerpo.

Yo me iba a transformar en la privilegiada aprendiz de esa sublime tarea. Roberta y Ramiro pondrían su sabiduría a mi servicio. No quería seguir pensando en la enorme responsabilidad que eso significaba.

Entré a ducharme para recibir un día que iba a ser de mucho aprendizaje. El baño parecía el de un hotel de lujo, no por los elementos con los que contaba, sino por la prolijidad e impecabilidad de ellos. El jabón estaba hecho con sus manos, así como las toallas. Bañarse en esa casa era casi una ceremonia. Creo que cada cosa que se hiciera suponía un rito de santuario, por la vibración que se sentía a través de las cosas que allí se encontraban.

Quería tomarme un desayuno liviano, a base de yogur y pan con miel, tal vez jugo de zanahorias, había visto todo eso en la heladera, luego me dirigiría al pueblo a comprar algunos víveres. Al regreso tenia muchas preguntas para hacerle respecto a los chakras.

Cuando aparecí en la sala, la mesa estaba ya tendida y tres comensales muy jocosos alrededor de ella. Roberta estaba espléndida, desparramando vitalidad y luz propia, contenta y llena de risas como los otros dos que estaban comiendo exactamente lo que yo había elegido para desayunar. Me recibieron con miradas pícaras e ingenuas; eran tres niños invitándome a jugar. Roberta se apresuró a decirme que no era tanta casualidad lo de la comida sino que Justo, un joven chamán, en plena tarea de recordar su sabiduría, había llegado temprano y mientras desayunaban ella le contó de mi presencia;

dijo que él conectó su vibración con la mía, para que deseara lo mismo que ya estaba servido en la mesa y así nadie tenía que preocuparse en preparar nuevas cosas. Todos rieron con ganas, como niños traviesos. Yo comencé a temblar, ¿habían interferido en mis pensamientos?, ¿era eso legal moralmente?, ¿tenían derecho a hacerlo? Aunque Chi-Sa me había hablado de las leyes que rigen la telepatía, mi pensamiento racional inmediatamente comenzó a funcionar, y a defenderse. Ramiro comentó rápidamente sobre mis pensamientos:

—No sabemos si es legal o moral, pero podemos hacerlo . . .

Los hombres rieron nuevamente, desbordaban de alegría. Roberta permaneció en silencio con una sublime sonrisa en sus ojos y su boca y trató de recomponer la situación.

– Todo está en la intención —me dijo—, todo reside allí, es la intención la que legaliza o permite las cosas en el mundo espiritual, la buena intención es la que da transparencia y santidad a lo que hacemos. Poder hacerlo es certeza de contener la mejor intención de amor para usarla.

– Entiendo —dije avergonzada—, y pensé que todavía no había tomado real conciencia de quiénes eran realmente los que me acompañaban.

Ramiro tenía un dejo de soltura adolescente, como si la vida recién comenzara para él, como si lo que decía o hacía no le traería jamás malas consecuencias; emanaba una certeza casi irracional para mi tipo de elaboración mental.

– ¿Así que ya viste a mi amiga desnuda? —dijo abiertamente—, mientras se ofrecía a prepararme el pan con miel.

Creo que me sonrojé; hacía tiempo que no tenía esa sensación de vergüenza infantil.

– Sí; —dije tratando de poner firmeza en mi voz—. Era lo único firme con lo que contaba en ese momento; todo el resto era un tembladeral.

– La ventaja de nuestra desnudez —dijo ya recompuesto y con vos calma—, es que no todos pueden verla, así que podemos andar en "zocote" todo el día.

Allí dejó entrever una sonrisa cómplice con el resto. No le iba a preguntar qué significaba *zocote*, ya había pasado mi cuota de vergüenza esa mañana y no estaba dispuesta a volver a insistir.

Todos rieron sacudiéndose en la silla; estaban de acuerdo.

Entendí que estaban interesados en que el desayuno transcurriera sin ninguna preocupación ni tensión para mí, y lo habían logrado, pues no es tan fácil para una mente concreta, como la mía, entrar tan directamente en la simpleza de disfrutar. A pesar de todo el camino espiritual hecho el último año en mi vida, a partir de la presencia de Chi-Sa, todavía no fluía naturalmente.

– Así que al fin llegaste —dijo el alumno tempranero—, jamás es un día antes o después. Así llegamos todos cuando la misión se nos revela: justo a tiempo.

– ¿Por qué —le pregunté—, todo está planeado previamente?

– Siempre —contestó—.

– ¿Por quién? —inquirí—.

– Por ti —dijo mirando mis ojos con la ternura de un amigo entrañable.

En realidad sólo había corroborado lo que Chi-Sa me había transmitido durante los meses que estuvo a mi lado.

– Nosotros sabemos que has venido para recibir las enseñanzas de los vórtices —dijo el viejo—, pero tú aún no lo sabes, ¿verdad?

– No, claro que no, yo venía a conocer la magia de Roberta y a contagiarme un poco —dije tratando de abrir nuevamente el clima un poco solemne que se había creado.

Todos rieron con soltura y acompañé esa música de buenas ganas.

Justo era muy suelto, emanaba una fuerza vital poderosa tras cada gesto y cada palabra. Le pregunté si él era "aprendiz" de chamán y rió sonoramente ante mi pregunta.

– En realidad —dijo—, el chamán nace chamán, sólo que debe entrenar su memoria para recordar todo lo que sabe, por eso vengo a Roberta. Ella es buena "recordadora", sigo sus sugerencias y mi memoria se ilumina con conocimientos de siglos.

Quedé en silencio unos segundos, su revelación era muy especial para ser recibida naturalmente por mí. Traté de cambiar el tema para distraerme.

– Tengo muchas preguntas para usted, Roberta, respecto a los chakras que estuve viendo —me apresuré a decir—, aunque no veo el momento de conocer eso de los vórtices . . .

– ¿Qué más quieres saber de los chakras? —dijo enérgica—. Los viste, los conociste, tienes toda la vivencia que necesitas de ellos, para mayor información puedes leer miles de libros que se han escrito sobre ese tema, algunos son muy respetuosos y conocen realmente de qué se trata, pero pocos son los que llegan a la experiencia a la que tú has llegado. No sólo se trata de un té y un estado interior ideal para recibir esa vivencia, sino de estar en el lugar y con la persona justa para poder experimentarlos, ¿entiendes?

– De todos modos —dijo en un tono de cálida resignación— cuando lograste ver a cada uno de ellos en mi cuerpo etérico, yo te iba indicando la función específica que cumplían en nuestros cuerpos psíquico, emocional y álmico.

Mucho se habla y escribe sobre este tema, todos manifiestan conocer el "verdadero" color de la energía que corresponde a cada uno de los chakras. Los que tú viste fueron "los nuestros"; nuestras energías estaban aliadas en una misma experiencia y percibiste los mismos colores que yo experimenté cuando los vi por primera vez. En aquella oportunidad yo estaba sola, casi perdida en un mercado y ahí comenzó todo, en medio del gentío. De repente todo ruido y movimiento desapareció y pude ver a cada uno de los que allí estaban exactamente igual que tú me viste a mí.

Yo no lo esperaba, mi luz interior había sumado suficiente claridad como para ver, y vi.

– En cambio yo, dije risueñamente como destacando la gran distancia espiritual que había entre ambas, tuve que beber ese té para ayudarme.

– Bueno, tú no naciste ni te criaste chamana. En tu caso, nos manejamos como una excepción porque debes desarrollar una labor que debería ser aplicada lo antes posible —dijo—, y retomó rápidamente su relato acerca de los chakras.

El color de la energía que se manifiesta en cada chakra tiene que ver con la vibración de la energía de quien lo está experimentando, no obstante, hay algunos chakras cuyo color energético se expresan igual para todos.

Cuando esos puntos o centros energéticos son abiertos conscientemente mediante distintos ejercicios espirituales, comienzan a actuar ayudándonos en cada una de las funciones que te fui explicando mientras ibas identificándolos uno por uno, ¿te acuerdas?

— Es imposible olvidarlo Roberta —le dije sintiendo una profunda sensación de gozo interno, por el solo hecho de recordar aquella experiencia—; recuerdo cada color, cada sitio, y cada una de sus funciones.

— El primer chakra es el de la coronilla, está sobre la cabeza, la luz que por allí ingresa es blanca y es usado para entrar en oraciones o cuando necesitamos conectarnos con Dios.

El segundo es el de la glándula pineal o tercer ojo, ubicado en el entrecejo, su luz es amarilla y lo activamos para ver las cosas tal cual son, sin el velo que pone nuestra emoción en las decisiones a tomar, y cuando debemos hacer algo que nos pide más sabiduría que inteligencia.

El tercero es el chakra laríngeo, ubicado en la zona de la garganta, su luz es verde, y su función es la sanación a través de la palabra; cuando ese chakra está consciente y pleno de energía de amor, las palabras que desde él se emiten sanan.

El cuarto chakra es el del timo, está localizado en la zona del pecho y su luz es de color naranja. Está vinculado con la voluntad, su poder es inmenso, desarma nuestros miedos y los transforma en pura voluntad y certeza.

El quinto es el chakra cardíaco, está ubicado en la zona del corazón, su luz es de color magenta y se conecta con el amor más puro que hay en nosotros; ese amor que no espera reintegros, que no sopesa, que no tiene segundas intenciones, como generalmente sucede con el amor que manifestamos, sino con una energía que está más relacionada con lo puramente espiritual. Cuando lo activamos es para dar, sólo para dar. Para dar bien, liberados de intereses espurios.

El sexto chakra es el del plexo solar, ubicado en la zona de la boca del estómago. La luz violeta es su luz y nos ayuda a transmutar las emociones y los pensamientos equivocados que desarmonizan nuestra vida diaria. La vibración de este chakra es muy sutil, por lo tanto, es el que más expuesto está, por eso deberíamos trabajar diariamente en ingresar la luz violeta allí y armonizarlo.

El último es el de la raíz, ubicado en la zona de la pelvis, su luz es azul: el color de la protección. Es el chakra que nos conecta con lo más terrenal, con la materia. Su purificación diaria nos llena de paz, nos integra con nuestra energía espiritual, y cuando este trabajo de purificación está plenamente realizado, a lo largo del tiempo, esta energía azul sube por la columna vertebral donde está localizada Kundalini, la serpiente de luz que recorre toda la columna y regresa tocándose la cola, formando un círculo de luz perfecto y completando la apertura y concientización de cada chakra.

Cuando esto sucede, todos los chakras se unen en uno solo, logrando así la perfecta unión del yin y el yan. De esta manera el hombre se completa.

– La diferencia —dijo con los vórtices es que la transmisión de estos "chakritas" —y rió inocentemente— no fue hecha aún. Los chamanes de nuestro linaje los conocen desde siempre, pero algo debía ocurrir para que fueran conocidos por otros. Nosotros no sabemos qué era lo que debía ocurrir, ni siquiera sabíamos que debía ser conocido por muchos, pero notamos la vibración de que así debía ser, y aquí estamos, tratando de que los conozcas y que hagas lo que debas hacer.

– ¿Cómo es eso que "notaron" la vibración, Roberta?

– Somos plenamente conscientes de que estamos unidos con todo, que nada está separado en este infinito cosmos, por lo tanto las vibraciones de un orden en permanente movimiento para la evolución son captadas por nosotros de manera sencilla, sin pasarlas por la razón. Luego, cuando accionamos en consecuencia, vemos materializada esa energía y a veces nos ponemos a razonar el porqué y para qué, aunque no perdemos tanto tiempo en ello. En mi caso, me gusta por las tardes pensar arriba de las montañas. De todos modos, nunca lo que pienso es más importante que lo que siento.

– ¿Cuantos vórtices hay y dónde se localizan, Roberta?

– Son muchos, y están diseminados por distintas zonas de nuestro cuerpo, como los chakras, sólo que conectados con temas puntuales de la salud física, pero irás recibiendo cada uno de ellos a medida . . ., que así deba ser . . .

Cuando terminó de decir esta última frase, casi sin sentido concreto, lo hizo con el esfuerzo de un último aliento, como sin saber qué decir, con la mirada perdida en algún paisaje que era sólo de ella y una leve sonrisa le iluminó el rostro; era como un niño que se distrajo en medio del juego . . . Sentí que le estaba pidiendo demasiada explicación a alguien que siente . . ., luego existe.

Roberta habló con claridad y serena autoridad; la razón por la cual yo estaba allí era para aprender acerca de los vórtices. El tema de los chakras fue una preparación álmica, creo, algo por lo que debía pasar intensamente, con una conciencia bien profunda de ellos, para luego adentrarnos al otro punto.

– Ramiro sabía de tu llegada —siguió hablándome Roberta—, él vino para estar a tu lado también, es muy generosa su actitud.

– Le agradezco enormemente que esté acá —dije casi con ganas de llorar por semejante solidaridad—. No le voy a preguntar cómo sabía de mi llegada, esos errores no los cometo más —aclaré intentando demostrar que ya estaba entendiendo ante quiénes estaba—, pero sí quisiera saber por qué eligió estar a mi lado.

– Podría responderte: por amor, que es la razón pura de la cosa, pero para no caer en demasiada síntesis para tan generoso acto . . . —dijo esto con un gesto de elocuencia exagerada y escondió su cara entre sus manos ahogando una enorme carcajada.

Vi que él no quería darle tanta trascendencia al asunto, buscó esa salida para que yo me distendiera un poco, reímos los cuatro festejando la humorada del viejo.

– Pero también—continuó—, tú sabes que antes de encarnar nuevamente, planeamos las tareas a realizar aquí. Parece que estamos ligados hace eternidades, y paseamos juntos por muchas vidas antes de ésta. Siempre nos volvemos a encontrar para darnos una mano, a veces tú, a veces yo. Esta vez me toca a mí. Sólo aportaré mi energía, quiero que pases bien estas experiencias, es muy importante para ti y para todos los que vayan a enterarse por medio tuyo de lo que vas a aprender.

– Bueno —respondí suspirando profundo, casi ahogada de emoción (o de responsabilidad)—, creo que es más de lo que vine a buscar.

– Recibirás lo que debas —comentó Roberta—, tú sabes que todos formamos parte de una vieja y eterna familia, de un linaje espiritual que no se corta jamás. Recorriste tus caminos, hiciste lo que debías, con muchos altibajos, tu entorno no fue siempre el indicado, pero también debías aprender lecciones de tolerancia y perseverancia, y aunque a veces parecía que te alejabas, el mundo espiritual siempre fue tu único camino y es, en definitiva, el que te trajo hasta aquí.

– Usted me dijo que sobre los chakras había mucho material escrito, ¿conoce alguna literatura acerca de los vórtices?

– Nada —respondieron al unísono chocando la palabra entre ellos.

– ¿Nada? —exclamé con sorpresa—, ¿un tema místico o esotérico que nunca ha sido tratado por nadie? ¿Acaso era una broma más de este grupo tan lleno de humor, o estaba ante algo muy importante y recién me estaba enterando?

– Tal vez —respondió Justo (oyendo mis pensamientos)—, a nosotros nos transmiten esa enseñanza apenas nos adentramos en este camino. Es natural y necesario que la conozcamos; debemos poner una dedicación constante para poder manejar muy bien los vórtices, son muchos y el aprendizaje lleva su tiempo. En tu caso, con la ayuda energética de Ramiro y la guía de Roberta para introducirte a ellos, acelerarás los tiempos, incluso creo que es necesario que sea así, ¿verdad? —preguntó a Roberta con una mirada respetuosa como queriendo que terminara ella avalando todo su discurso.

– Si, tú debes escribir sobre esto, debes difundirlo, ésa es tu tarea. Las cosas se han puesto un poco difíciles últimamente, todos estamos acelerando los tiempos; es necesario.

El viejo y Justo se levantaron de la mesa lentamente, nadie hacía gestos o movimientos apresurados allí. Roberta aprovechó para pedirme que tomara durante todo el día, a partir de ese momento, sólo agua. Me reiteró que no hiciera otra cosa más que caminar por allí, cerca de las montañas, que disfrutara el día. Me aclaró que no era una invitación, sino que era lo que debía hacer, pues ya habíamos comenzado con el tema de los vórtices.

Ellos sabían lo que hacían, y yo me iría enterando con los días.

El sol estaba radiante sobre las montañas. Perú es mágico y sencillo como su gente. El clima estaba agradable a pesar del viento otoñal. Comencé a caminar sin rumbo. La casa era la única en varios kilómetros a la redonda, pastaban algunos animales que seguramente Roberta necesitaba en este lugar tan alejado: dos cabritas, tres vacas, dos caballos, un corral con patos y gallinas y cuatro hermosos perros galgos custodiando todo eso. Uno me vio avanzar hacia ellos y se acercó moviendo su cola en gesto de amistad. Lo saludé como acostumbro hacerlo con todos los animales que se cruzan en mi camino, y respondió pegándose a mi lado.

Una ráfaga de viento me hizo tragar polvo y tuve que agacharme para poder mantener algo de equilibrio; el perro dio un ladrido con mezcla de aullido, como quejándose de lo mismo que yo. Nos llenamos de tierra en un segundo. Ahora el viento vino desde atrás, su fuerza podía tirarme al piso si no me agachaba cada vez que arremetía contra nosotros. No podía entender cómo cambiaba de dirección tan rápidamente. El día estaba espléndido, y ese viento no llenaba todo el lugar, parecía que sólo nos perseguía a nosotros dos. El animal se cubría detrás de mí, decidí entonces caminar medio agachada por si acaso el viento volvía, quería tener el tiempo suficiente para tirarme al piso sin que me volteara.

Volvió más duro esta vez, parecía que manteníamos una lucha de fuerzas: el viento me secaba los ojos y el polvo me los cegaba totalmente, no podía avanzar, si los tocaba, el ardor era insoportable, nada hacía imaginar ese cambio del viento a sólo unos doscientos metros de la casa. Mientras estaba sentada, el perro se me acercó y comenzó a lamerme la cara, yo la corría como para que pudiera lamer mis ojos y limpiarlos un poco. Así fue, pude abrirlos nuevamente y retomar el camino. No volvió a aparecer. Esa ventolera sirvió para que el perro y yo nos transformáramos en dos entrañables amigos: cada vez que detenía mi paso, me miraba como preguntándome cómo estaba, hablé con él todo el tiempo, sabía que me oía, sólo yo estaba sorda a su voz.

Habíamos caminado ya rumbo a las montañas un largo trayecto desde la casa. Estábamos en una ladera repleta de flores azules, me acosté a mirar el cielo sobre esa perfecta alfombra de Dios. Me puse a pensar en la experiencia con Roberta el día anterior y todo lo conversado hoy durante el desayuno. El misterio y la razón jugaban como de costumbre durante mis momentos de reposo en el último año de mi vida.

La voz de Roberta apareció a unos setenta metros delante de mí. ¿Cómo era posible que estuviera adelantada a nosotros, si el camino hasta allí era uno solo y nosotros veníamos por él? ¿Cómo hizo esa mujer para estar allí entonces?

– El viento es molesto algunas veces por esta zona, ¿verdad? —dijo sabiendo que más que un comentario, yo esperaba una respuesta.
– ¿Cómo llegó hasta aquí, Roberta?
– Todo es cuestión de poder, —dijo humildemente como si fuera una respuesta lógica y esperada—. Nada se logra sin poder. El poder está dentro y hay que reconocerlo, eso fue lo que estuve haciendo toda mi vida, trabajando esa energía, lo real es lo que viste cuando viste los chakras. Ésa soy yo, así somos todos, el envoltorio que ves ahora es circunstancial, puedo ser Roberta, perro, viento . . .
– Busqué casi desesperada al animal y ya no estaba allí. ¿Era ella? ¡Qué locura!
– Poder —me dijo sonriendo— no locura, poder.
– ¿Tanto? —dije casi gritando—. La miraba casi con desesperación. Estos son los momentos en los que dudo de mi coherencia, de que me esté pasando realmente esto, ¿puede comprenderme?
– Sí, —dijo acariciándome el alma con esa palabrita.

– No es tan fácil para mí, Roberta. Uno puede pasarse la vida leyendo o escuchando relatos de todo esto que estoy viviendo, pero de allí a ser protagonista de los hechos, no es nada fácil, a veces tengo miedo, mucho miedo, créamelo.

Me senté en el suelo y puse mi cabeza entre mis rodillas, como queriéndome resguardar de algo, tal vez de mi razón.

– Aleja ese sentimiento de tu vida, por favor, el miedo es el mayor enemigo de la luz. Debes sólo concentrarte en el poder que hay en tu interior, ten pensamientos divinos, no pensamientos humanos; el objetivo es la verdadera vida, no esta forma falsa de vivir que lleva el hombre.

– Lo intentaré, mujer, lo intentaré, recuerde que soy menos que una principiante —dije casi agotada de miedo y magia, una magia a la que no terminaba de acostumbrarme—.

– Si te refieres a estos tiempos, estoy de acuerdo, pero vienes de otros tiempos con grandes ejercicios de tu espíritu, nada es un regalo de la divinidad, todo te lo has ganado, no hay premios ni castigos, sólo trabajo realizado o por realizar. Has cumplido la mayoría de edad con tu evolución álmica, es tiempo de tomar la responsabilidad que eso significa y ponerte a trabajar en consecuencia.

Tienes que llevar el conocimiento que vas a recibir a mucha otra gente que lo está necesitando. Los vórtices son centros energéticos con las mismas características que los chakras, pero conectados con muchas más funciones específicas del cuerpo y la psique.

Cuando activamos esos centros con nuestra energía mental, ayudamos a acelerar los procesos de toma de conciencia para no dejar que la enfermedad se instale en el cuerpo físico o para tratar de erradicarla de él. Claro que, enfrentar las situaciones o los conflictos, creer en nuestra energía, tener constancia y mucho amor por nosotros, no es una tarea fácil para el ser humano. Pero es el precio, bastante barato por cierto, que debemos pagar para ser mejores.

Bebí los últimos tragos de agua del termo que traía. Me sentía llena de fuerza interior, como si me hubiera brotado toda la voluntad de golpe. No había lugar para el miedo, había mucho que aprender de esta mujer de poder.

Nos dirigimos hacia un hueco bastante profundo que se había hecho en la montaña, a unos cien metros hacia arriba. Cuando llegamos, el lugar tenía toda la calidez de haber estado ocupado por alguien, una persona o un animal. Roberta me pidió que la ayudara a juntar algunos pastos secos. Dijo que la noche iba a estar fría y si nos acostábamos sobre esa paja estaríamos más resguardadas. La cueva tenía un pliegue ideal para cubrirnos del viento o el frío directo. Jamás me hubiera imaginado que pasaríamos la noche fuera de la casa y, menos, dentro del hueco de una montaña.

– Vamos a hablar esta noche —dijo como comenzando el tema específico—. Tu ayuno y la energía de las montañas ayudarán mucho a tu comprensión y a la relajación que necesitas para oír con el alma, y dejar descansar un poco tus oídos.

Ya podía comprender lo que me estaba pidiendo; me sentí feliz de poder hacerlo.

– Lo sé, lo sé —dijo—, y todo quedó en silencio. Supe que había empezado la enseñanza. Me encontraba en un estado similar al de una madre esperando el nacimiento de su hijo; tenía calma, alegría, misterio, esperanza . . .

– Antes debes saber algunas cosas respecto a las enfermedades.

Busqué sentarme cómodamente esperando oír un largo relato. Intentaría escuchar todo como cuando era niña y me contaban cuentos de hadas. Aún no he olvidado un solo detalle de aquellas narraciones y hasta hoy están vívidas en mi mente, como si anoche mismo las hubiese oído.

– Algunas de ellas vienen de encarnaciones pasadas —dijo—, otras las creamos en ésta, y si nuestro comportamiento en estos momentos no es del todo prolijo con las leyes del amor, creamos nuevas enfermedades para próximas vidas.

Las enfermedades, tanto las psíquicas como las físicas, son los últimos límites que le ponemos a nuestra conciencia para despertar, para evolucionar, para enterarse de cuál es la lección a aprender. Cuando la persona nace con alguna enfermedad, debe comenzar por buscar la razón de su mal. Los médicos pueden ayudarnos a aliviar el dolor, a salvarnos de ella en momentos extremos, a mantenernos lo mejor que podamos con ella a cuestas, en fin, cientos de métodos para cientos de efectos, pero jamás esa enfermedad desaparecerá si no llegamos a comprender la razón por la cual se estableció en nosotros. Tenemos que ser muy claros, adultos, sinceros, y dejar el miedo de lado. Estos son requisitos indispensables para encontrar alguna respuesta. Cuando las enfermedades son congénitas, las lecciones a aprender son más urgentes.

A veces traemos enfermedades con las que nos es imposible hacer algo por nosotros mismos ya que carecemos de toda posibilidad de razonamiento o de movimiento.

En estos casos, el karma acumulado es tan denso, y el desorden en vidas anteriores tan importante que, cuando encarnamos nuevamente, preferimos no tener libre albedrío, para no tener que ponernos en manos de nuestra voluntad, pues desconfiamos de poder lograr el objetivo.

– ¿Esto es cuando alguien nace con una cuadriplegia o con algún trastorno severo de la psique? —pregunté para estar segura a cuáles enfermedades se estaba refiriendo—.

– Sí, son algunas —contestó lacónica.

– Entonces, si no está la conciencia para entender lo que está pasando, o no están las posibilidades para actuar, ¿cómo es que superamos ese karma?

– El dolor, hija, el dolor —dijo con sumo pesar sintiendo real tristeza por el método humano elegido la mayoría de las veces para evolucionar —. El espíritu es el que debe evolucionar y él siempre está consciente. Creo que no debe haber mayor dolor para el espíritu que estar prisionero dentro de un cuerpo sin libre albedrío; ese dolor lo templa, purifica y equilibra. Cuando suceden estos hechos es porque seguramente la persona fue demasiado débil en tiempos pasados, y cuando reencarnamos, regresamos acumulando las virtudes y los defectos vividos.

También puede suceder que no sea tan pesado el karma del individuo, pero él igualmente elige este método doloroso para acortar los tiempos de su evolución, pagando con semejante dolor sus errores de otras vidas. Por lo tanto, no siempre debemos pensar que estos casos son sólo de seres débiles y llenos de errores pasados, sino que también hay grandes almas muy evolucionadas, que prefieren el tremendo dolor de no elegir y así depurar rápidamente su karma.

– No debe ser tan fácil optar por el dolor —dije comprendiendo la grandeza de las almas que lo eligen.

– Tú sabes que venimos en grupo a evolucionar a este planeta, ¿verdad? Tu maestro Chi-Sa te habrá comentado algo de esto seguramente.

– Claro —confirmé—, todos los contactos que tenemos en esta vida, así sean de un solo minuto, son personas que forman parte de nuestro grupo para evolucionar juntos, ayudándonos constantemente en el camino.

– Tenemos que pensar, entonces, en los que comparten sus vidas con estas personas. Generalmente ellos no pueden valerse por sí mismos, son absolutamente dependientes de otros, entonces el karma se extiende a la gente que está a su alrededor. Nadie está exento de culpa, no existe la injusticia en el plano cósmico, todo es una tendencia al equilibrio perfecto. Por lo tanto, estas personas también están evolucionando mientras cuidan de esa alma apresada en los límites de su cuerpo físico o de su psique. Tal vez la paciencia, la solidaridad o la comprensión no fueron sus mayores virtudes. Por lo tanto, haber elegido estar junto a una persona en ese estado, es una cadena de ayuda mutua que nos damos para trascender nuestros errores.

El frío se hacía cada vez más intenso, era una noche sin luz de luna, las nubes amenazaban un amanecer con lluvia. Roberta juntó los troncos que había recogido cuando llegamos y sacó una cajita de fósforos del bolsillo de su ancha falda. El fuego acomodó mi ánimo, a ella no parecía que le molestara nada, estaba en un permanente estado de placer, sin euforias ni alegrías intensas, sino en estado-placer todo el tiempo. Miró el pedacito de cielo que nos permitía el lugar donde estábamos y una luz tenue, de color apenas dorado, le cubrió toda la cara. Cerró los ojos, respiró profundo, sus labios se estiraron en una pequeña sonrisa, mi piel se llenó de escozor, creo que yo también estaba recibiendo esa misma energía. El fuego ya no hacía falta, se había creado un ambiente templado, silencioso y mágico.

Transcurrieron unos quince minutos y retomó la charla. Su voz había ahora tomado un tono más profundo, más grave, más dulce.

– El hecho de venir en grupos para colaborar entre todos nos hace responsables de esa ayuda. Ahora bien, algunos nos negamos a ser solidarios, al contar con libre albedrío, podemos elegir y no siempre nuestra elección es la correcta. Cuando esto sucede, nos vemos en la obligación de estar más ligados en próximas encarnaciones, para que los lazos sanguíneos nos ayuden a la solidaridad sin límites, como cuando tenemos que hacer algo por un hijo, por ejemplo. Si no fuera ese parentesco el que nos vinculara, jamás nuestro amor llegaría a dar tanto por otra persona. Entonces, lo que él necesita, es inmediatamente concedido por nosotros. Eso equilibra la vez anterior donde quizás hemos abandonado a esa alma cuando necesitó de nuestra ayuda. En los grupos familiares hay fuertes deudas kármicas que pagar, más que en cualquier otro vínculo, por eso son tan difíciles de conciliar, pero es allí donde más karma depuramos.

Cuando acontecen las enfermedades durante el transcurso de esta vida, es porque aun no hemos aprendido la lección que nos habíamos propuesto aprender, porque tú sabes que nosotros somos los que planeamos cada instante de nuestra vida. Por lo tanto, cuando regresamos, en vez de enfrentar las situaciones, las negamos o el miedo hace sus estragos acostumbrados, y luego nos quejamos de lo injusto que nos pasa. En vez de quejarnos deberíamos tratar de ver por qué nos sucede esa enfermedad. No deberíamos esperar a enfermarnos, sino adelantarnos a comprender que tomar conciencia nos libera de ello.

– Cuando alguien pierde su pierna, por ejemplo, ¿es por algo muy terrible que no pudo sacar de adentro suyo, e inconscientemente prefirió ese enorme dolor, antes que ver la verdad y aprender la lección? —pregunté queriendo tener detalles prácticos de lo que estaba hablando.

– Bueno, no vamos a ponernos a interpretar tan minuciosamente cada suceso como si fuéramos avezados psicólogos, ésa no es nuestra tarea. La nuestra es ayudar a los demás con distintas técnicas espirituales a abrir con energía el camino hacia aquello que no puede ver o no se atreve a hacerlo, para así llegar a su tan anhelada paz interior.

– Los psicólogos —dije—, tratan de hacer algo parecido con sus pacientes desde la palabra y la razón.

– Ya hemos hablado de cuáles son los límites de algunas terapias psicológicas. En nuestro caso debemos contar con dos elementos indispensables: el amor y la fe. El amor y la fe nos salvan, pero no es fácil sentir amor puro ni tampoco tener fe. A veces creemos que experimentamos estos sentimientos, pero si nuestra vida es desprolija y está llena de dificultades, no es precisamente amor lo que estamos sintiendo. El amor no se equivoca. Si decimos tener fe y no hay ningún milagro en nuestra vida, eso no es fe; la fe es el material del que está hecho el milagro.

Las lecciones que debemos aprender generalmente vienen suavemente a nosotros, pero no siempre nos enteramos o reconocemos esto y dejamos pasar el tiempo. Entonces, el dolor tiene que llegar con sus campanas inevitables a abrirnos los ojos a la realidad.

Me miró como interrogándome. No supe qué responder. Comenzó a ensayar un ejemplo práctico; quería que todo fuera suficientemente claro para mí.

– Si alguien está padeciendo una terrible alergia por ejemplo, hay en él una gran intolerancia que no puede remediar. Lo que rechaza por fuera es la imagen física de sus propios rechazos interiores. Todo lo que lo ataca o agrede desde afuera no es más que un espejo de su propia lucha interior. Contamos con un vórtice que localiza exactamente el punto energético que nos ayuda a liberarnos de las alergias. Claro que aquel que comienza a transitar un camino de energía espiritual para resolver sus problemas, debe reconocer que lo mismo que es afuera es en su interior; ese reconocimiento abre las puertas a la sanación.

Hizo un largo silencio.

– Ahora podemos dormir un rato —dijo casi en un susurro—. Ya hemos hablado un poco acerca de las enfermedades, era necesario que supieras algunas cosas para luego conocer el tema de los vórtices.

Los vórtices son puertas que podemos abrir en nuestro cuerpo etérico para que el amor haga su amoroso trabajo y nos allane el camino hacia la transparencia interior. Un ser luminoso nunca adquiere una enfermedad, vamos a conocer la manera de prender esa luz.

Me desperté a las siete de la mañana, ella ya no estaba. Lo suponía pues me había comentado que le bastaban dos horas para que su cuerpo descansara lo suficiente. Me sorprendió no tener hambre aún. Había ayunado todo el día anterior, sólo bebí agua y era lo único que había volcado en mi estómago, después de aquel desayuno frugal. Me sentía absolutamente saciada de todo, tenía un estado de plenitud maravilloso; seguramente Roberta me había dejado bastante energía como para resistir todo lo que iba a vivir en estos días allí.

Entré a la casa sin ninguna ansiedad. Ya había adquirido el ritmo calmo de todos los que había conocido, Ramiro lo supo, lo vi en su mirada. Él sabia que estaba cambiando mi energía, mi estado. Dije que no tenía demasiada hambre y que me iba a duchar, el camino había sido bastante largo. Los dos sonrieron con una dulce complicidad llena de comprensión.

Antes de abrir la ducha, tuve necesidad de mirarme al espejo, de ver cuánto en mi rostro se parecía a mi gesto interior, si había algo distinto en la mirada. No sé, quería ver alguna referencia a un estado nuevo en mí.

A pesar de haber permanecido sólo tres días en esa casa, sentía que había algo distinto habitándome el alma, algo más quieto y adulto, algo de lo cual no tenía dudas; el espejo quizá me devolviera la certeza de mi alma. De repente, sentí que toda mi cabeza tomaba una dimensión enorme, y un silencio impecable se instaló a mi alrededor. Pude ver en el espejo que mi cara se volvía más clara, casi transparente, y unos pequeños círculos de luz comenzaron a formarse en cada oreja, en la nariz, sobre los ojos y en la boca. Parecían de seda, de una textura extraña, translúcidos, con vida propia. Tuve la certeza de que todo tiene vida inteligente en los mundos espirituales, parecía que sabían de mí, eran presencias conscientes.

Creo que mientras duró esa visión no pestañeé. Cuando lo hice todo se esfumó, volvió el sonido real del ambiente. Cuando me saqué el reloj para entrar en la bañera, pude ver que había pasado más de una hora desde que había ingresado al baño. No me intranquilicé, rápidamente intuí que ellos ya sabían todo lo que me estaba pasando. Ahora podía pensar en la frecuencia mágica en que ellos vivían. Entendí que todo podía ser, que todo era absolutamente posible, caminar sobre las aguas; como lo hacía Chi-Sa; desmaterializarse como lo hacía Roberta; conocer los pensamientos ajenos, y tener suficiente energía como para recorrer más de doscientos kilómetros a los ciento diez años, sin más ayuda que las piernas y la certeza interior. ¿Cuánto más? Todo, increíblemente todo era posible, y yo estaba allí, en ese círculo de amor, magia y solidaridad. Veremos.

Me pidieron que me pusiera la ropa más cómoda que tuviera. Así aparecí en la cocina y los dos estaban esperándome. Cuando entré, me miraron con un gesto en el rostro que denotaba orgullo y emoción a la vez. Sabían que había llegado el momento, nadie fuera del grupo de ellos conocía el tema de los vórtices, y ya era tiempo de transmitirlo a otros. Creo que fue antes de lo que ellos pensaban, pero había que acelerar los tiempos, y allí estaba yo, para intentarlo.

Nos dirigimos hacia las montañas sin nada más que nuestra alegría y nuestras mejores intenciones a cuestas. Ramiro me miró de soslayo leyendo mi preocupación.

– No te preocupes por la comida —me dijo—, tal vez encontremos un restaurante en el camino.

Siempre su humor relajaba cualquier tensión que pudieran fabricar mis inseguridades.

– Ése es precisamente el primer vórtice que vamos a trabajar —dijo Roberta desde la distancia—. Nos llevaba unos cincuenta metros de adelanto, ella guiaba la ascensión.

– ¿Hay un vórtice para el buen humor?, —pregunté asombrada—, pues por lo charlado previamente, pensé que todos los vórtices tenían directa relación con las enfermedades psíquicas y físicas, no con "el sentido del humor" precisamente. Me desconcertó.

– El sentido del humor es el primero en mostrarnos si algo no anda bien en nosotros —dijo Ramiro mientras peleaba con unos lagartos curiosos, apartándolos de su camino.

– Sí —corroboró ella—, la risa es sanación.

– ¿Dónde se localiza ese vórtice? —pregunté.

– Debajo de los brazos, en las axilas.

– Qué casualidad —comenté algo extrañada por el sitio de ese vórtice—. Ese lugar es el elegido para hacernos reír cuando niños, nos hacemos cosquillas allí.

– Cuando tocamos ese lugar, nos reímos porque activamos el vórtice que nos conecta con el humor; no es casualidad. La sabiduría popular sabe mucho más de lo que puedes imaginar; olvidó las razones, pero recuerda las consecuencias.

Habíamos andado un par de horas, pero el trayecto recorrido no correspondía con ese tiempo. Estábamos sobre una montaña de unos dos mil metros de altura y casi habíamos llegado a la cima. Un arco natural que había formado la piedra nos deslizó hacia el otro lado de la montaña. Estaba entregada a toda experiencia. Preferí llenarme de asombro y misterio y no hacer preguntas, para no entorpecer la magia de lo que iba pasándome. Sabía que el tiempo necesario para llegar hasta allí era mucho mayor, y que ese arco "natural" no era así, no había manera lógica de pensar que ese "portal" se hubiese formado por alguna erosión posible. Pasamos al otro lado y bajamos sin hablar, cuidando nuestros pasos. En la mitad del camino, Roberta nos guió hasta una abertura e ingresamos. Allí adentro se abrió ante nosotros una gran sala, iluminada con la tenue luz que pasaba a través del hueco que habíamos atravesado. Todavía se percibía un lejano aroma a incienso, había dos hamacas para dormir colgadas del techo, una lámpara de kerosén sobre un tronco finamente pulido para ser usado como mesa y, en un rincón, dos almohadones grandes, con fundas que parecían de delicada seda. El lugar estaba prolijo, como recién aseado, no tenía nada de humedad. Sentí una agradable sensación de paz y de "lugar conocido".

– Aquí vas a estar muy bien, yo voy a estar afuera mirando el paisaje —dijo Ramiro, retirándose con su andar cansino, que mucho me recordó a mi maestro Chi-Sa—. La emoción me invadió el alma, lo extrañaba.
– Claro que conoces este sitio —dijo Roberta como si nada—, no es la primera vez que ingresas a esta sala. Tú sabes todo lo que vamos a hacer, sólo que lo has olvidado. Ahora sientes esa "rara" sensación de familiaridad, irás sintiendo lo mismo en cada cosa que hablemos y en cada experiencia que realicemos. Yo sólo te ayudaré a recordar, nada nuevo tengo para ti. Luego harás que otros recuerden también sus vórtices.

Somos sólo "recordadores" de la memoria perdida. La humanidad tiene el mismo conocimiento que nosotros, sólo que cuando recuerda algo, lo niega, lo reprime, lo borra de su cerebro, para no desestructurar su memoria alienada por los sistemas sociales.

Ella hablaba y mis ojos recorrían esa gran sala, tibia y acogedora como la falda de mi abuela a la hora de dormir. Sus palabras eran dulces y armoniosas, el miedo, incondicional compañero de mi vida, se había quedado del otro lado del "portal" que atravesamos. Supe que del otro lado había quedado mucho de mí, tal vez lo menos necesario.

– Nosotros siempre lo supimos, pero la ciencia recién ahora está haciendo investigaciones respecto a las propiedades terapéuticas de la risa —dijo mientras traía los almohadones hacia el centro de la sala invitándome a tomar uno y a ponerme cómoda.

– La risa y las caricias, —continuó—, son dos remedios infalibles para las enfermedades, especialmente las nerviosas. Aunque el buen humor no siempre está emparentado con la risa, es más bien una sensación de comodidad interior, uno siente que en todo puede hallar algo que lo conecte con la alegría. Hasta en la misma tragedia, el humor hace un trabajo milagroso para sobrellevarla.

El buen humor se decide, es una determinación que tomamos en un momento de nuestra vida, y no estoy hablando de esas personas que nacen siendo muy simpáticas y dadas a reír y hacer chistes todo el tiempo, en algunos casos ocultando padecimientos horribles con sus risas. En el buen humor no hay ocultamiento de nada. Se trata de una soltura interior, una manera de ver la vida siempre rodeada de esperanza, nada es tan terrible, ni tan trágico, ni tan doloroso. Sabemos que son caminos que debemos transitar por diferentes motivos para aprender en ellos.

El mal humor es una de las peores energías que la gente emana diariamente. Es razón de padecimientos y consecuencias muy feas; el paso que nos separa de un tipo de humor al otro es sólo una sencilla decisión. Si la elección es el buen humor, nuestra vida se transforma en placentera y distendida, nada nos enoja bastante, nada nos quiebra suficiente, nada nos paraliza ni nos quita la esperanza, sino que la vida es un fluir de buena energía siempre.

Los momentos y los hechos dolorosos seguirán ocurriendo en nuestra vida por la propia consecuencia de la evolución humana, pero nada será tomado como un círculo sin salida. El buen humor nos saca de los padecimientos y la solemnidad ridícula que le ponemos a veces a las cosas.

Ramiro es un 'rastreador' del buen humor. Él busca esa energía constantemente cuando las cosas toman un tinte demasiado solemne o dramático, evita que se cree la energía demoledora que trae aparejado el mal humor. A veces, con una simple mirada, él nos coloca en el estado de alegría más intenso de nuestro día. Es un 'creador de alegría', resucita la esperanza con su actitud, siempre cuenta con impulsos positivos para lanzarnos a todos a la cúspide de nuestro bienestar.

Es una herramienta infalible para sobrevivir los peores momentos. El buen humor evita la derrota del alma, que es la peor de todas las derrotas, porque cuando eso sucede, es porque se nos han hecho añicos todas las posibilidades con las cuales contábamos. Si cuando llegamos a la puerta de esos momentos desesperantes, nos conectamos con algo que, desde la misma tragedia, nos invite a reírnos, incluso, de nosotros mismos, aunque nos suene irreverente dada la situación, todo en nosotros se modificará como por arte de magia. El mejor de todos los antídotos para no llegar a la derrota del alma es ser irreverentes con el propio dolor.

Nada debe ser forzado, ni usado como trampolín para salirnos de esos momentos caóticos, sino todo lo contrario: debemos zambullirnos en esas aguas y flotar mirando un sol creado por nuestro buen humor. Todo tiene una razón de ser, todo nos enseña algo, siempre estamos aprendiendo de lo que nos ocurre, y ésa es la mirada sencilla y transparente de la vida para elegir el buen humor.

El vórtice del buen humor está localizado en las axilas, ése es el lugar de entrada y salida de energía que abre la distensión.

Se paró con agilidad, pero suavemente, buscó una tela blanca que guardaba en su bolso, la desplegó sobre el piso en un costado de la sala, a un metro y medio de la pared, más o menos, prendió sahumerios muy agradables en los cuatro rincones del ambiente, puso una vela blanca en el centro y me pidió que me acostara sobre el lienzo.

Me saqué las sandalias y me dejé las medias blancas, me puse boca arriba y apareció el techo de la cueva abriéndose ante mis ojos. Era liso y con algunas grietas muy finas atravesándolo de lado a lado, casi no tenía imperfecciones, la piedra estaba pulida como por un artista, no alcanzaba a ver bien, pero no mostraba ninguna porosidad; como hecho a mano.

Dijo que cada vórtice era un espacio energético clave para activar la energía correspondiente a su función específica, que cuando tomamos conciencia de él, abrimos una fuente de energía poderosa para ayudar a descubrir o equilibrar ese punto. Que los antiguos chamanes gozaban de un equilibrio casi perfecto gracias al dominio de sus vórtices, y cuando se daban cuenta que alguna cosa andaba mal en determinada área de su psique o de su cuerpo físico, inmediatamente recurrían al vórtice específico para controlar esa desarmonía.

– Nosotros hacemos lo mismo que ellos —dijo—; nos sentamos en cualquier parte, ponemos en funcionamiento nuestra más profunda intención de amor, reflexionamos sobre los mensajes que nos trae el dolor y luego hacemos ingresar energía en el vórtice específico y así ayudamos a ordenar los distintos temas de nuestra salud.

El tipo de humor hace una buena o mala salud. La energía del mal humor es enferma de por sí, ella crea enfermedades como una plaga. Son esas energías a las que al principio o, por lo general, no les damos mucha importancia, como la bronca y el resentimiento. Luego se transforman en enfermedades, casi todas de origen neurológico.

No es fácil llegar a tomar conciencia de nuestros males, reconocer los motivos y hacernos cargo de ellos. Entonces, los vórtices son espacios luminosos que nos ayudan a abrirnos paso entre el error y el milagro. Cuanta más conciencia pongamos en la raíz del mal, cuanta mejor intención tengamos en remediarlo, los vórtices hacen el otro cincuenta por ciento del trabajo y la armonía se reinstala en nosotros, retomando la salud, venciendo a nuestra ignorancia y despejando la oscuridad.

Cuando digo milagro, es porque no hay enfermedad que se resista a esta fórmula; todo se puede revertir. Eso que el mundo llama milagro, para nosotros no es más que trabajo de amor.

– Si no creo, ¿no puedo lograr esos milagros entonces? — pregunté sin levantar mucho la voz—, tratando de hacerlo en su mismo tono.

– No, definitivamente debes creer en que realmente existe una energía que ingresa por esos vórtices; si no crees en ella, nunca sucede. Aunque a veces el miedo hace trampas, y crees que no crees. Sin embargo, el milagro sucede igualmente. Lo que realmente ocurre en esos casos, es que el miedo hizo que la fe no llegara a la conciencia pero no pudo con su fabuloso poder, y la intención es lo que allí sopesó.

Salió fuera de la sala, seguramente fue a hablar con Ramiro. Me quedé a solas. La luz de la vela, el aroma del sahumerio y el silencio del lugar creaban un clima ideal para que mi alma se entregara a viajar hacia su paisaje favorito: el misterio.

Roberta me pidió que abriera mis brazos y quedara en posición de cruz. Desplegué los brazos como para echarme a volar, la sensación fue maravillosa. Sólo estaba en los preparativos, pero mi espíritu ya estaba en su ambiente, fluyendo en hermosa armonía para aprender esos vórtices.

Axilas

Colaboración específica: sentido del humor; enfermedades nerviosas

– Respira sin esfuerzos, naturalmente, sin preocupación de cómo ingresa o sale el aire por tu nariz, sólo respira y PIENSA en esa respiración, presta atención a que estás respirando . . . —Dejó de hablar por espacio de unos cuantos minutos.

Comencé a oír mi respiración como un viento gigante cuando inspiraba y era un aire tibio y calmo cuando salía, sólo atendía ese punto: mi respiración, y el mundo se detuvo en una calma indescriptible.

Ella comenzó a hablar nuevamente:

—Tu pensamiento es el que crea y da las órdenes, entonces, piensa en una energía que ingresa a través de tus axilas, que abre ese sitio como un chorro de agua potente tratando de erosionar una piedra.

Fue una energía que me hizo cerrar los brazos impulsivamente. La sensación fue como la de una fina y altísima caída de agua ingresando por mis axilas. Volví a abrirlos y la energía ingresaba más tranquilamente aunque con la fuerza de siempre, sentí que mis hombros se elevaban por la misma inercia.

La vivencia interior era calma y profunda, no tenía mucho que ver con el despliegue energético que experimentaba físicamente. Sentí rápidamente un enorme alivio, una leve sonrisa se instaló en mi boca, no podía desarmar ese gesto, algo muy pesado salió disparado desde mi interior, había en todo mi ser una sensación de alegría sin euforia, de felicidad sin motivos, de estar contenta por todo y ese "todo" no tenía límite, ni tampoco detractores dentro de mí.

Una suave música apareció de repente, eso colaboró para que la calma fuera mayor aún. La energía seguía ingresando por el vórtice de las axilas . . .

Cuando retomé el estado de conciencia ordinario, no podía "localizar" mis brazos, no sabía si estaban abiertos o al costado de mi cuerpo, esperé un rato para "ver" si aparecían, en otro momento me hubiera asustado mucho, y "aparecieron" a mi lado, me reí de buenas ganas por la situación.

Roberta rió conmigo.

– Bueno, parece que los efectos del vórtice se están comenzando a ver rápidamente —dijo sin dejar de reír.

Cuando abrí los ojos, le pregunté rápidamente por la música; era maravillosa y me gustaría tenerla en todos mis ejercicios —le dije.

– Eso depende de ti, muchacha, —respondió—, aquí no hay ninguna música pero no te preocupes, siempre el alma afina mejor que cualquier músico o instrumento que puedas captar con tu sentido de la audición.

– ¿La música provenía de mi?, qué bueno, ¡tengo música funcional para mis meditaciones entonces!

Me escuché decir eso y no podía creer que, en vez de seguir preguntándole miles de cosas respecto a ese tema, como era mi costumbre, sólo atiné a "hacerme" un chiste y recibir la novedad como algo natural.

Me levanté y tomé mi bolso, el reloj marcaba cuatro horas de haber comenzado nuestro trabajo con el vórtice del humor.

Ramiro nos estaba esperando a unos metros de la salida de la cueva. Dejamos la sala sin acomodar ni llevarnos nada, estaban previstas unas tres semanas de trabajo, íbamos a necesitar de todo eso cada día.

Mientras ayudaba a Roberta a preparar la comida, no entendía cómo todos los utensilios estaban tan limpios, parecían recién comprados. Tal vez era así, pero no había nada en esa casa que mostrara el paso del tiempo, ¿nada se gastaba lo suficiente como para que pareciera viejo? Por momentos pensé que había una especie de energía como la que manejaban los antiguos egipcios, y que es similar a la que experimentamos cuando ponemos frutas o verduras frescas debajo de algo con forma piramidal, todo se conserva perfectamente por mucho tiempo, sin ninguna alteración. La casa tenía una energía similar, la diferencia es que en ella no sólo lo orgánico estaba bien conservado sino que "todo" estaba en un estado de conservación inalterable.

Se secó las manos con un impecable género blanco de algodón y me tomó del hombro haciéndome salir de la casa.

Cuando estábamos a unos cincuenta metros de distancia, hizo que mirara de la misma forma que lo había hecho cuando pude ver los chakras en su cuerpo. Distancié la mirada casi perdiendo el primer plano de la casa y vi una enorme pirámide celeste cubriendo todo su hogar. Me deslumbré ante la visión. Eran cuatro rayos de luz celeste blanquecina que rodeaban toda el área, incluyendo el jardín y una huerta que estaban a unos metros de la casa.

– Allí está desde que vivo aquí —dijo imperturbable—, ella mantiene la energía que te hace ver todo limpio y nuevo, no hay polvo adentro, ni insectos, no hay humedad ni nada que erosione los elementos, nada que perturbe el ambiente. En la montaña que estuvimos recién también vas a encontrar la misma pirámide de luz. Mañana agudiza tu vista y mírala, aquélla tiene otro color.

– ¿Puedo hacer lo mismo con mi casa? —pregunté entusiasmadísima.

– Claro que sí —dijo sonriendo por mi enorme interés—; claro que sí, ya veremos eso.

Retomó el camino hacia adentro para continuar preparando nuestra comida. Cuando entramos, Ramiro tenía la mesa puesta con detalles de alta hotelería; se lo dije y se rió con su risa sonora y fresca.

– Creo que no tendré que andar haciendo chistes para cambiar tu solemnidad por ahora ¿no?. Ese vórtice es precioso, yo lo ejercito cada día, no vaya a ser que mucho desodorante termine por hacerme un cascarrabias cuando envejezca.

No podía sostener mi risa, corría por mi boca como un río lleno de lluvia. Ya estaba al unísono con la permanente actitud que tenían ellos dos.

– Entonces, si permanezco aquí dentro y sólo salgo hasta el perímetro que cubre la pirámide, ¿no voy a necesitar bañarme tampoco?, —pregunté entre chistosa e interesada en la respuesta.
– Bueno, en verdad, yo tengo que lavar los platos cuando los usamos —dijo con seriedad.
– Sí, claro, —dije bajando la cara en actitud pensativa—, y yo sí que me uso.

Estallaron en risas llenas de inocencia, porque de eso se trata el buen humor, de atrapar la alegría ante la cosa más sencilla, ante la frase más ingenua. El buen humor es una actitud desprendida de egoísmo y soberbia, es una comunión ágil y sincera con la vida.

Nos divertimos al comer, creo que siempre fue así para ellos, sólo que yo no podía captar esa onda. Tomaban los alimentos y comían como si pertenecieran a la nobleza. Eran delicados y auténticos en sus movimientos, carentes de cualquier exceso, de cualquier vulgaridad. Se movían como si hubieran estado ensayando por años cada gesto. Había una condición impecable en cada uno, era un deleite para mí observarlos. Estaba con dos chamanes andinos que no habían ido más lejos que al pueblo donde vivían, que no habían comido jamás en un restaurante de lujo, ni ido a un hotel, ni asistido a una universidad. Nada de esta historia cerraba para la prolija y sorprendente escena que estaba presenciando.

Cuando ella me hablaba lo hacía con un discurso casi perfecto, tenía una semántica digna de una persona muy instruida. ¿Dónde había aprendido a hablar y manejarse así? ¿La magia llegaba hasta allí?

Supuse que sabían lo que estaba pensando, así que sólo me limité a esperar algún comentario al respecto. Nada.

Luego de un rato, pregunté si había algo que pudieran decirme para aclarar mi panorama.

– ¿Cuál panorama? —Contestó rápidamente Ramiro.
– Bueno, —dije algo perturbada—, respecto a sus modales, sus maneras tan elegantes de manejarse, en fin . . .

Silencio.

Cuando ella vio que él no respondía, se adelantó a hablar.

– ¿Tal vez piensas que estábamos atentos a tus pensamientos?, ¿a eso te refieres?
– Sí.
– Tú sabes cómo son las reglas en el tema de la telepatía; sólo hay acceso cuando lo que el otro está pensando necesita de

nuestra ayuda y tiene cabal importancia para su evolución espiritual. No somos la CIA de los cerebros del mundo. Nuestra atención se aplica en ese sentido sólo si es necesaria, y eso nunca lo sabemos antes. Siempre "nos encontramos oyendo", nunca es una decisión personal, nadie está tan capacitado como para saber a ciencia cierta qué es tan importante para el otro, o no, sólo nuestro corazón lo sabe y actúa sin esperar nuestro criterio. Tú sabes que en el mundo chamánico no existe la solemnidad, así que a veces nos vemos relacionados con los pensamientos sencillos de la gente, pero la gran reguladora de esos momentos es nuestra buena intención.

La mañana amaneció llena de sol y muy fresca. Roberta me explicó que la temperatura al mediodía y hasta la tarde iba a subir muchísimos grados, pero que por la noche volvería a bajar. Me pidió que fuera con algún abrigo, pues íbamos a quedarnos allí, pero me aclaró que era sólo para cubrir mis miedos, porque no creía que tuviéramos frío dentro de La Sala.

Ramiro estaba allá desde la mañana bien temprano. Ella me dijo como al pasar, y de una manera un tanto enigmática, que él se había ido al alba "para establecer algunos de sus contactos", pero no dijo nada más y no dejó tiempo a ninguna pregunta, fue por sus cosas . . ., y yo por las mías.

– ¿Me puede explicar algo respecto al vórtice que vamos a tratar hoy?
– Hablamos en una oportunidad respecto al vórtice de la nariz, que tiene que ver con las alergias y las intolerancias, ¿recuerdas?
– Sí.

– Ese es nuestro vórtice de hoy.

Caminó unos doscientos metros sin hablar, yo tampoco quería hacerlo, la pregunta ya estaba lanzada, de ella dependía una respuesta o no.

– Las alergias son intolerancias a cosas externas, pero no es más que el reflejo de muchas intolerancias internas. No es tan simpático darse cuenta de esto para un alérgico que se pasó toda la vida echándole la culpa al polen, la primavera, el polvo y miles de otras cosas inofensivas.

– En realidad —dije—, hay niños que nacen con estos síntomas.

– Tú sabes que los hijos casi siempre sostienen algún problema muy difícil de sobrellevar para alguno de sus padres, ¿verdad?

– Lo sé— respondí, orgullosa de conocer ese tema como tantos otros que Chi-Sa me había transmitido en su paso por mi vida.

– ¿Cuántas intolerancias tenemos en nuestra vida y que jamás reconoceremos como tales? Negro, rico, homosexual, pobre, judío, musulmán, cristiano, indígena, analfabeto, minusválido, campesino . . ., todos caen en la misma bolsa de nuestra discriminación diaria. Hay personas que incluso, disfrazan sus intolerancias actuando como grandes paradigmas de derechos humanos o integrando decenas de instituciones solidarias, esto es peor aún que salir a defender lo que pensamos, así seamos los mayores discriminadores del planeta.

– Si comento esto, pienso que muchas personas se sentirán ofendidas, Roberta, porque quizá nunca puedan reconocer esas intolerancias y prefieren suponer "que el caso de su alergia" es distinto, ¿me entiende?

– Sí, te entiendo —dijo con tristeza—, pero jamás cambio lo que sé según el gusto, expectativas o posibilidades de mis interlocutores. Trascendernos no es cosa de niños que se enojan y pelean defendiendo sus errores, es una tarea valiente, y la valentía tampoco es una oferta de supermercado. Alcanzarla forma parte de un largo trabajo consciente, de un sinuoso recorrido hasta lo mejor de nosotros mismos.

– Entiendo perfectamente lo que trata de explicarme —dije—, coincidiendo con esta mujer, que vive como es.

Caminamos un rato más en silencio. Interrumpí esa maravillosa música para preguntarle acerca de La Sala, ¿cómo es que la habían descubierto o cómo se había formado?

– El último gran diluvio lo ocasionó una terrible contienda, donde se usaron elementos bélicos muy poderosos, se destruyó de esta manera el noventa por ciento del planeta, con grandes hundimientos de continentes y plegamiento de la corteza terrestre; matando a casi todos sus seres vivos, modificando radicalmente la geografía del globo. Estas montañas fueron producto de aquel suceso.

– ¿Qué pasó con el hombre? —le pregunté.

– Es una larga historia que alguna vez te contaré. No obstante, el pasado, el presente y el futuro coexisten en un mismo tiempo, los libros religiosos antiguos cuentan perfectamente todo lo ocurrido y lo por ocurrir. Sucede que el hombre aún lee como está escrito, pero la verdad siempre está oculta detrás de lo que vemos a simple vista, y el hombre sabio sabe leer esas palabras. Las antiguas escrituras, egipcias, arameas, chinas, incas, mayas, se pueden leer de diferentes maneras, cuando el hombre logre "ver" lo que oculta cada texto y deje de "mirar" por arriba esos libros sagrados. Así recibirá la gran ayuda que nos legaron nuestros antepasados.

– Me gustaría mucho volver a tocar este tema, Roberta. Intuyo que es algo que puede cambiar el rumbo de mis pensamientos —dije ahogada por la ansiedad que me habían provocado sus palabras.

– Sin duda, pero recuerda que es "uno" el que llega a las revelaciones; ellas no nos persiguen por allí hasta alcanzarnos, tú lo sabes, ¿verdad?

– Lo sé.

– Por otra parte —dijo, para no dejar mi pregunta por la mitad—, *La Sala* es un sitio que usaban los chamanes incas hasta antes del genocidio que tuvo lugar en estas tierras por parte de los españoles. Para realizar grandes armonizaciones a escala mundial, ellos lanzaban sus poderosos mantras desde allí, y todo el lugar vibraba junto a sus voces. Todavía se siguen realizando encuentros para el mismo fin, pero se ha determinado otro sitio para realizarlos. La Sala, entonces, quedó con la maravillosa energía de todos aquellos sabios chamanes y podemos usarla para nuestro trabajo.

– ¿Alguien pulió el interior, o trabajó en él para dejarlo en esas condiciones tan perfectas?

– Se cuenta que fue obra de un gran chamán venido de otras tierras, hace unos dos mil años más o menos, que solamente pasando su mano por las paredes iba dejando la superficie tal como la viste; que además fue él quien la descubrió y que está en un vórtice energético preciso, coordinado con su lugar de nacimiento.

– ¿A qué lugar se refiere?

Se rió, y sin dejar de hacerlo dijo:

– ¿No descansa jamás tu interés?

– No, realmente no, creo que nací interesada, —comenté risueña y ella festejó mi respuesta.

– Allá por Oriente Medio.

Su respuesta fue fría y distante, entendí que no quería más preguntas por ahora, pero esa respuesta fue como el sonido de un gong gigante en medio de mi frente. Por nada del mundo iba a dejar la charla inconclusa en ese punto, ya vendría la oportunidad de continuarla.

Ramiro nos estaba esperando con flores en sus manos. ¿De dónde las había tomado?, no había flores por allí.

– Crecieron para ustedes —dijo ceremonioso—, como recitando un poema.

Roberta las tomó con la gracia de una princesa y yo seguramente con mi mirada llena de preguntas porque él me observó tiernamente y no esperó ningún gesto de agradecimiento.

– Crecen flores por todas partes —me dijo paternalmente—, sólo hay que hallarlas buscando en otros paisajes también.

Sé que intentó contestar mi pregunta, que captó mi mirada ansiosa más que agradecida. Me sentí incómoda por mi actitud, pero no dije nada. Seguramente eso también lo habrá sabido.

Tenía tanto que agradecerle a ese viejo, su presencia allí, su enorme recorrido hasta la casa de Roberta, su buen humor, su energía que ayudaba a que pudiera experiomentar los vórtices como pocos en mis condiciones podrían hacerlo. En fin . . ., la culpa iba aumentando. Yo le debía miles de agradecimientos y era él quien me regalaba flores.

Entramos a la cueva. Como novedad, había un pequeño ramito de florecitas azules dentro de un pequeño tronco ahuecado. Reímos las dos llenas de ternura por la dulce gentileza de Ramiro.

Nos sentamos en el centro de La Sala, los almohadones eran bien grandes y cómodos. Ella sacó un termo con un té que había preparado antes de salir, bebimos de buenas ganas hasta el fondo de los vasos sin decir una palabra. El silencio y el té atemperaron los ánimos. Miré a los costados para buscar dónde estaban prendidos los sahumerios, pensé que Ramiro los había dispuesto para nuestra llegada. Roberta se dio cuenta de mi preocupación y me aclaró que el aroma provenía de esas pequeñas florecitas del cuenco, ellas derramaban tan extraño y maravilloso perfume.

Nos servimos un poco más de té y comenzó a hablar.

– Entiendo cuando te refieres a que se pueden molestar contigo por decir tan claramente el asunto de las alergias. Tú vives en un mundo donde la gente prefiere sufrir o morir en vez de conocer. El conocimiento está colmado de transparencia, la enfermedad es oscuridad, ocultamiento, negación, miedos, cientos de problemas sin resolver; la tarea es ponerle luz a las razones, transparentar la raíz del mal, conocer.

Hice un gesto confirmando lo que decía.

– La manifestación más clara del egoísmo es la intolerancia. Cuando somos mezquinos con nuestros afectos, cuando no podemos compartir, cuando creemos que el espacio es nuestro y sólo para ser ocupado por gente como nosotros y que la forma de vida que llevamos es "la que debería" regir a toda la sociedad, nos transformamos en intolerantes. El pobre polen es el chivo expiatorio.

– ¿Y qué sucede cuando las personas no se "convierten" en alérgicos sino que nacen con esos síntomas?

– Si en esta vida eres intolerante y no haces nada para corregir ese comportamiento, seguramente volverás con algún mensaje que el dolor te mostrará en la próxima existencia. Por otra parte, si en la familia alguno de los padres es alérgico, seguramente uno de sus hijos "cargará" con parte de ese peso. De alguna forma inconsciente, el niño sabe que la enfermedad podría separarlo de sus padres, por eso "resuelve" inconscientemente hacerse cargo de algún porcentaje de esa alergia, incluso el solo hecho de "compartir" ese problema lo une más al que padece esa enfermedad.

– Esto es para todas las enfermedades, ¿verdad?

– Sí.

– En todos los casos, entonces, no es cuestión de hacer el ejercicio correspondiente a cada vórtice y todo se resuelve —dije repasando la lección—. ¿Primero debemos tomar conciencia de la raíz del mal y luego usar el centro energético para ayudar a recomponer la armonía en la salud?

– Exacto, pero el orden no es lo importante— aclaró—.

Todo tiene una correlación perfecta en los planos cósmi-cos. Ese niño pudo haber elegido ese entorno para pulir algunas intolerancias que trae de otras vidas —concluyó.

Nariz

Colaboración específica: alergias

Me tendí con delicadeza sobre el lienzo blanco, temía ensuciarlo, y me dispuse a recibir sus indicaciones. Había comprendido totalmente sus comentarios acerca de la intolerancia, ahora venía la segunda etapa: localizar el vórtice e ingresar energía a través de él.

– No te preocupes por ensuciar nada, — dijo—, aquí dentro todo permanece impecable.

El aroma de las florecitas aumentó. Se diría que tenían plena conciencia de lo que iba a realizar y estaban cumpliendo su tarea, llenando mi nariz de un intenso aroma a sándalo.

El perfume iba aumentando aceleradamente. Por momentos temí que pudiera lastimar mi nariz, era como inspirar aceite de sándalo concentrado. Sentí un río de sándalo caliente correr a través de mis fosas nasales. Esas flores estaban haciendo un buen trabajo.

La sensación siguió allí por un tiempo prolongado, hasta volverse intensamente fría, inspiraba el mismo perfume pero ahora llegaba helado hasta mis sinus[1] pasando por mi esófago y llegando a mis pulmones, podía percibir todo el recorrido del aire.

Sentí que ese vórtice se perforaba suavemente, se abría como una flor al amanecer. Todo mi aparato respiratorio estaba recibiendo ese poderoso aroma. Mi nariz bombeaba aire como un fuelle.

Escuché muy lejana la voz de Roberta, pidiéndome que tratara de respirar lo más calmadamente que me fuera posible, aunque sintiera la sensación de que iba a dejar de respirar; dijo que no tuviera miedo, que todo estaba bien.

Creo que en un momento pasó justamente eso, había dejado de respirar, pero el aire continuaba pasando por la nariz, no sentía cuando salía, sólo lo notaba cuando ingresaba. Era un hilo de aire tibio que corría río arriba, atravesando mis hoyuelos abiertos como una campana.

Experimenté una enorme hermandad con todo: humano, animal y naturaleza eran un solo ser, unidos por el hilo de mi respiración.

Algo muy profundo y muy suave me absorbió, quedé flotando en esa sensación . . .

El perfume iba desapareciendo poco a poco . . .

1–Cavidad nasal.

Cuando desperté aún estaba oscuro, la manta que había traído cubría mi cuerpo, los dos estaban dormidos en las hamacas que colgaban del techo.

Algo había pasado conmigo, había otra habitándome, un nuevo ser vino a ocupar su lugar, quizá yo misma después de una larga espera. Sólo dos vórtices bastaron para sentirme en un lugar distinto de conciencia . . ., y aún faltaban unos cuantos más.

Ya en la casa y sentados para desayunar, le pregunté a Ramiro cómo fue eso del aroma tan intenso que desprendían esas pequeñas flores.

– Ellas te llevaron a su esencia, no desprendieron ningún aroma, sólo se conectaron con tu alma, saben que entre tú y ellas no hay ninguna diferencia en los planos álmicos, establecieron esa conexión contigo y el resto fue sencillo. Pudiste captar su real esencia, fuiste al corazón del "chandana" —dijo viviendo mi experiencia como propia.
– ¡Qué locura . . .! perdón, ¡qué poder!

Nos reímos como era ya costumbre, como si fuera la última vez.

– Pensé que esas flores sólo crecían en Asia —dije intrigada por la novedad.
– Sólo hay que intentarlo —contestó—. ¿Cuánta diferencia encuentras entre aquellas tierras y éstas? —preguntó sin intención de oír mi respuesta.

Comimos en silencio unos minutos, pero todos sabíamos quién iba a interrumpir.

– ¿Puedo conocer algo más respecto a sus "contactos", Ramiro?

Pensé que había cometido una infidencia y miré de reojo a Roberta como pidiendo disculpas.

– No te preocupes —dijo—, no hay secretos ni errores cuando uno se mueve en el amor.

Ramiro jugaba a mantener el equilibrio de una cucharita sobre su dedo índice, el balance era perfecto, su vista estaba puesta en su juego, pero sus pensamientos creo que no.

– El hombre co-existe con su pasado y su futuro, pero no puede darse cuenta de eso, comenzó a decir. Desde el punto de vista de la ciencia, hace falta un buen tiempo aún para poder comprobar fehacientemente esto, pero desde el plano espiritual, es sencillo verlo. Sólo hace falta entrar en meditación profunda y esa "sopa" de materia, antimateria, partículas subatómicas, etcétera, se nos revela como algo absolutamente real.

– ¿Por qué dice: meditación profunda?

– Me refiero a la diferencia entre los principiantes y los que ya han trabajado su cuerpo etérico lo suficiente como para entrar en trances profundos.

Roberta me comentó que podemos conocer el futuro, que hay textos religiosos donde está escrito de una manera oculta todo lo por venir.

– Sí, es así, los incas, entre otros, nos dejaron grandes mensajes y de mucha ayuda para la humanidad. Descifrar esos códigos no le fue fácil al hombre blanco y aún desconoce los más importantes. Cuando descubrieron América, destruyeron y se llevaron todo, menos el tesoro más importante que teníamos: nuestro conocimiento. Las piedras fueron la mejor medida que tomaron para perpetuar sus textos, aunque también ellas pueden ser destruidas por el hombre.

– Parece que no apostaron a tanto —dije medio indignada—. Sonrió en silencio, creo que no estaba muy seguro de eso.

– La mente del hombre ya no vibra con tanta luz como entonces, sólo llega a los descubrimientos por métodos deductivos. No puede hacerlo como lo hacían y hacen los chamanes nuestros, elevando su estado consciente hasta lograr ingresar ese otro estado de la materia, donde todo se capta al instante porque el tiempo, tal como lo conocemos, desaparece.

– Mi imaginación corre como un chita, —dije—, me lo imagino charlando con Shakespeare, con Homero . . .

– Son grandes maestros cósmicos, seguirán impartiendo sabiduría por los siglos de los siglos. Tú sólo conoces a los que fueron, pero aún no a los que vendrán: grandes líderes, sabios luminosos, artistas divinos. También estarán los otros, los traidores y destructores de la raza humana.

Te preguntarás cómo no hacemos nada para detener algunas cosas que puedan pasar indefectiblemente. En primer lugar, nadie puede interceder en la depuración kármica de nadie. El hombre debe salvarse él mismo sin esperar ayuda "de arriba". Por otra parte, todo depende de nuestra evolución. Si llegamos a encontrar la manera de comprender los mensajes de los libros sagrados, vamos a dar un gran paso hacia la salvación.

– Pero si todo ya está dado, si el futuro ya existe, ¿cómo es que aún tenemos la opción de destruirnos o salvarnos?

– Hay miles de opciones que coexisten; tomar la correcta dependerá del estado de nuestra alma. Si nos olvidamos de ella y seguimos una carrera hacia el ambicioso poder de la materia, sabemos las consecuencias que esto puede traer en el futuro. Esos secretos ocultos en ciertos libros religiosos son para que nos enteremos de cómo podemos liberarnos de la destrucción de nuestra raza. En el tiempo en que el hombre llegue a descifrar esos mensajes, su corazón estará mucho más cerca de la paz que del final de su existencia.

– ¿Hay algunos indicios de que podemos estar en camino a lograrlo?

– Los hay. Si esos estudiosos logran develarlos y son generosos revelándolos a toda la humanidad, el trabajo prosperará, pero si en sus corazones aún hay egoísmos y quieren guardar ese conocimiento para manipularlo, es señal de que aún no es el momento y de todos modos, no podrán llegar a ninguna conclusión que les preste una ayuda legítima.

Formamos parte de un campo energético de interacción entre todo lo que existe, nada está separado. Si alguien descubre algo para el bien de todos y no lo da a conocer, se corta esa relación natural común y nadie gana nada, ni los que trabajaron en el descubrimiento, ni los que deberían recibir los beneficios. Egoísmo, puro egoísmo.

– Me gustaría saber si tuvo oportunidad de dialogar alguna vez con Jesús.

– ¿Te preguntarás cómo es que pudo darme una entrevista? —dijo sonriendo—. Sucede que en esos mundos existe la omnipresencia. Es difícil pensar en esa posibilidad para una persona de sólo tres dimensiones. Esa dimensión es pura magia y milagro para nuestro modo de ver.

Los mensajes de Jesús están plagados de códigos secretos. Sus parábolas son la más maravillosa estrategia para liberarnos del desorden que reina en nuestros corazones. Allí se pueden encontrar las maneras de prevenir la destrucción del hombre por el hombre.

Pero aún seguimos leyendo 'por arriba' sin poder hacer otra cosa más que tomar sus enseñanzas para poner algunos límites a nuestros desbordes humanos.

– ¿Debe ser muy duro para ustedes llevar ese conocimiento y no poder transmitirlo? —dije casi con la misma impotencia que él debía sentir.

– En realidad sería totalmente inútil hacerlo. El hombre debe "llegar" a su salvación, no puede ser rescatado por nadie. Si se forma una masa crítica en la humanidad, que haya ascendido a un amor más universal y a un desinterés personal, estaría la energía necesaria para llegar a comprender lo que pudiéramos transmitir o las antiguas escrituras sagradas.

Por ahora, el corazón del hombre no está aún preparado, y no es una evaluación personal. Tú misma puedes echarle un vistazo al mundo y ver su estado.

Jesús vino a dejarnos algunos mensajes, con sólo seguir sus palabras ya tendríamos la mitad del camino allanado, pero glorificamos su figura y no le hacemos caso a sus enseñanzas. Nos quedamos en la mitad del recorrido hacia la salvación.

– ¿Le quedan esperanzas, Ramiro?

– Recuerde que tengo bien entrenado el vórtice del buen humor, querida amiga —dijo haciendo un gesto de payaso con su boca—. Con ese vórtice consciente jamás podemos perderla.

Roberta había levantado la mesa. Mi entusiasmo por los relatos de Ramiro era tal que no lo había notado. Sentí que retomaba la respiración normal y le pedí disculpas; hizo un gesto de despreocupación.

Afuera estaba muy frío, volví a tomar un abrigo y quise salir a ver nuevamente la pirámide de luz. Me senté sobre un tronco a unos metros de la casa. Allí estaba; imponente, majestuosa, casi imposible.

Fui hasta la zona del jardín a escasos dos metros de la casa, y cuando ingresé dentro de la protección de la pirámide, el frío desapareció, el silencio fue mucho mayor, respiré el perfume de algunas flores y miré el cielo, tan grande y tan pequeño, tan lejano y tan cercano, tal vez, más cercano que la propia tierra.

Antes de acostarme, sólo por curiosidad, quise probar unas frutas que sabía llevaban unos dos meses en la frutera. Elegí una manzana. Estaba perfectamente fresca, su sabor no había sido alterado por el tiempo, como recién arrancada. ¡Qué locura!

Sobre el sillón donde dormía había una pequeña nota de Roberta: "Mañana veremos el vórtice que se conecta con la diabetes".

Tenía alguna idea de esa enfermedad porque conocía algunas personas que la padecían, pero no podía deducir nada, era muy poca mi información y muy técnica. Ellos no trataban las enfermedades técnicamente, llegaban al mal por un camino que los transportaba hasta su raíz, y allí los aguardaba el antídoto.

Reconocer aquellas cosas que nos empujan irremediablemente hacia la desarmonía psíquica o física, es el primer paso, el más difícil, el más doloroso.

El tema de los vórtices es un conocimiento de gran valor para los que podemos atrevernos a ver más allá, esos puntos energéticos son el cincuenta por ciento de la sanación.

Me iba quedando dormida haciendo equilibrio entre la magia y la razón.

Esta vez fue Roberta la que se nos adelantó. Emprendimos la marcha con el viejo, él siempre iba adelante de mí, me resultaba difícil mantener su paso, y el deporte es algo que ejercito como forma de vida desde siempre, pero en este hombre no son los músculos o el entrenamiento lo que lo hace tan ágil y fuerte. Él camina con la energía de su alma, eso se siente sin lugar a dudas, cuando se está a su lado.

Le conté respecto a la nota de Roberta, quería oír cómo enfrentaba él las enfermedades.

– Hoy trabajarás el vórtice que se vincula con la diabetes, debe ser por eso que dejó la nota —dijo despreocupado.
– Eso supuse —le contesté en un tono lacónico—, pues yo buscaba más respuesta.

Él lo supo.

– Nosotros relacionamos esa enfermedad con la disciplina.

– ¿Qué sabes técnicamente de ella? —me preguntó.

Justo lo que pensé que no me iba a preguntar jamás.

– Bueno, conozco algunas personas diabéticas y sé que se trata de un mal funcionamiento del páncreas o algo así. Esa gente procesa mal o a veces no procesa el azúcar que ingresa al cuerpo a través de las comidas y la hormona encargada de llevar el azúcar hasta las células es la insulina. Si el páncreas no segrega la suficiente insulina se transforman en insulinodependientes; y si es menor el inconveniente, sólo con una alimentación muy cuidada se puede controlar.

– Muy buen conocimiento —dijo aplaudiendo—. Me reí de su exageración.

A esa gente le debe costar mucho el sentido del humor, me refiero al control del azúcar, ellos se niegan lo dulce, le han puesto un límite a lo agradable. En ese sentido, necesitan durante toda su vida mantener un equilibrio extraordinario para no caer en picos de poca o mucha azúcar en su sangre. Es un régimen muy riguroso. Siempre debemos cuidarnos de ingerir muchos dulces, pero no corre grandes riesgos nuestra vida si no lo hacemos. El azúcar es dañina pero a la mayoría de la gente no la mata; en cambio a los diabéticos, sí. Deben mantener una disciplina impecable para que sus vidas se desarrollen normalmente; incluso, si son dependientes de la insulina, más disciplina se autoimponen.

– Se debe tratar de desórdenes anteriores, por lo que veo —comenté insegura.

– En este caso hay una cuestión de disciplina con la que luchan toda la vida para poder vivir como el resto de la gente, saben que sus vidas dependen de ser metódicos; si se desordenan conocen las consecuencias.

– También los que se practican diálisis deben depender de eso y no les queda otra salida que una conducta muy equilibrada —le dije para asegurarme y aprender más.

– Los riñones tienen que ver con otra cosa, pero no se privan de los dulces, no están reñidos con ese placer primario.

No obstante, todos los que dependen de tratamientos, como en estos casos, tienen que ver con una disciplina muy mal ejercida en éste o en otros tiempos y ahora deben tratar de ejercerla cueste lo que cueste. Por eso ellos ponen en riesgo sus vidas si no la llevan adelante, para no dejar de cumplir su karma y poder depurarlo.

Nosotros conocemos lo que nos hace bien o mal, lo que es bueno para nuestra salud y lo que no, pero generalmente desobedecemos nuestro conocimiento, nos damos ese permiso, porque no ponemos en juego nuestra vida con esa actitud. Seguramente es otro el lugar donde debemos trabajar, son otras enfermedades las que el dolor nos tiene preparadas para mostrarnos el camino. En el caso de los diabéticos, si se dan un mínimo de margen en su dieta, es fatal para ellos. No pueden darse ninguna cuota de licencia en sus rigurosas vidas.

– ¿Dónde se localiza ese vórtice, Ramiro?

– En los oídos, allí esta nuestro vórtice de la disciplina, del equilibrio interior.

– ¿La disciplina tiene que ver con la voluntad?

– Sí, mucho, pero para entrenar la voluntad tenemos un chakra: el del timo. Eso es más difícil, si uno primero ejercita la disciplina, la voluntad es una energía mayor que viene luego de este primer paso. Deberíamos primeramente trabajar el vórtice de los oídos y luego el chakra de la glándula del timo.

Habíamos llegado, el tiempo físico nunca es igual al tiempo caminado, cada día es distinto. Esta vez fueron dos horas, a veces llegamos en media hora, aunque no entendía nada, estaba segura que se me iba a revelar ese interrogante antes de irme.

Allí estaba Roberta, sentada en la ladera de la montaña, luminosa y sencilla como una flor.

Yo sabía que ella había estado recorriendo esos espacios entre los tiempos, de los que habíamos hablado anoche con Ramiro; no le hice preguntas pero le dejé un deseo:

– Solamente me gustaría conocer ese espacio tiempo eterno, para volver a ver a un ser que amé con toda mi alma —le dije absolutamente ahogada por la emoción.

– Creo saber de quién hablas —me dijo acariciando mi rostro—, pero lo que tú no sabes es que ambas están juntas en ese lugar, ahora mismo estuve con las dos charlando.

¿Cómo es que sabía de Fiush, mi gatita amada, y cómo era que yo podía estar allí y aquí al mismo tiempo? Creo que preparó el terreno para una charla más adelante, ya habían quedado pendientes unas cuantas. No me desesperaba, todo llegaría a su tiempo.

– Ayer te olvidaste de mirar la pirámide que está sobre La Sala, ¿tienes ganas de hacerlo ahora?

– Seguro —dije enjugándome las lágrimas y corriéndome a una distancia prudencial.

Las lágrimas seguían brotando y dejé que así sucediera. A través de ellas pude ver una magnífica pirámide de color rosa, más grande y más intensa en su luz que la de su casa. Ella me explicó que el color rosa era por los trabajos de amor que se realizaban adentro, siempre amor para servir, me aclaró. Hay más energía que en la de la casa porque es necesario que así sea.

Me tomó del hombro atrayéndome hasta su cuerpo y me llevó así hasta La Sala.

Cuando ingresé, todo se disipó, me atrapó una energía muy serena, quedé en sus amorosas redes, fue como un espacio imantado de tranquilidad que me metió dentro de él.

Nos sentamos sobre nuestros almohadones, los sentía cada vez más cómodos. Se lo comenté y dijo que era yo la que cada vez estaba más cómoda. Me causó mucha gracia su deducción, así era.

– Estuvieron hablando con Ramiro, él conoce a la perfección el tema de los vórtices. Me gustaría saber si te ha quedado alguna duda de esa charla.
– Bueno, no dudas, pero sí interrogantes; me puede explicar un poco más respecto al azúcar, y ese supuesto límite al placer, a lo agradable.
– El primer placer ingresa por la boca cuando el niño se amamanta, por eso Ramiro te habló de placer primario. Y lo dulce es un placer relacionado con el disfrute interior. En cambio, cuando la gente rechaza lo dulce y le agrada sólo lo salado, tiene que ver con el placer que nunca termina de concretarse.

Nosotros no somos psicólogos, ni entendidos en materia de la psique, hablamos desde un conocimiento que por milenios nos fueron transmitiendo nuestros antepasados y desde nuestro sabio interior. No busques nada ortodoxo ni científico en nuestros postulados, es sencillamente lo que ha funcionado entre nuestro pueblo desde siempre —me aclaró—.

Ese placer primario que no se permiten está vinculado a lo más instintivo que tenemos. Y cuando hablamos de instintivo, sabemos que es lo más difícil de manejar para el ser humano; por lo tanto, deben pasarse la vida sosteniendo la disciplina de no entregarse a algo tan indomable como nuestro primer placer. Es un trabajo de disciplina agotador, pero muy necesario para la evolución de su alma, que de control y equilibrio debe haber aprendido muy poco.

– En la mayoría de los casos —dije—, esta enfermedad ataca a las personas de edad avanzada, porque ya hay mucho sedentarismo, colesterol, etcétera.

– No todas las personas mayores derivan en esta enfermedad en su vejez. ¿Lees estadísticas? —preguntó desafiante.

Como consecuencia de esta sociedad de consumo desesperada, la disciplina es cada vez más difícil de ejercer; entonces, puedo entender cuánto más costoso se le hace a esta gente depurar su karma sin intervención de esta enfermedad, como el mensaje que el dolor viene a enseñarle.

Oídos

Colaboración específica: diabetes

– Hoy vas a trabajar sentada en ese cómodo almohadón, vas a tratar de mantener el equilibrio de tu espalda sin doblarla y sin hacer esfuerzo por mantenerla erguida; las piernas tienen que estar cruzadas, pero un poco separadas, para que no se corte la circulación sanguínea en la zona de la rodilla; las manos descansan palma para arriba sobre los muslos, y la cabeza tiene que estar en la misma línea que toda la columna, trata de que se apoye en la columna, que no caiga más adelante o más atrás; eso te dará más equilibrio.

Toda la postura del cuerpo debe ser muy distendida, trata de no moverte para nada, ni el más leve movimiento, contrólate lo más que puedas. Seguramente comenzará a picarte todo el cuerpo, no luches, sólo deja que suceda esa sensación y contémplala. Cuanto mayor sea la necesidad de moverte, respira cómodamente exhalando hasta la última gota de aire, manteniéndote el mayor tiempo que puedas sin inspirar nuevamente; eso te dará más dominio corporal. Fíjate que no sea un esfuerzo, nada debe serlo.

Mientras me hablaba, escuché un sonido agudo en mis oídos: Un zumbido como el de las campanas de los templos religiosos en Oriente, una mezcla de un gong muy grave con el zumbar poderoso de esas campanas orientales. El sonido ingresó en ambos oídos, quedé dentro de él por un espacio interminable de tiempo. ¿De dónde había salido ese sonido? ¿Quién hizo sonar esos instrumentos? No abría los ojos porque temía que desapareciera esa maravillosa y desconcertante sensación.

De repente, el silencio absoluto. No escuchaba ni mi respiración, era absolutamente la nada, eso fue lo que se me ocurrió pensar. Allí dentro, sin ruidos, mis oídos latían como corazones silenciosos.

Comenzó a picarme la nariz, traté de sacar todo el aire de mis pulmones y me quedé así hasta que la picazón desapareció, fue en un instante. Luego la pierna derecha estaba acalambrándose, hice el mismo ejercicio, la sangre comenzó a fluir nuevamente por allí, cuando exhalaba el aire, todo se iba junto al aire que sacaba.

Volvió el sonido, esta vez más agudo, más potente, la consigna era no moverme hasta los límites soportables, quise comprobarlos.

Otra vez el silencio, pude oír el sonido de la hierba cuando era pisada por un animal pesado, luego una respiración no humana, como un resuello.

Todo se fue aquietando poco a poco, el silencio se abrazó conmigo.

Roberta me tocó el hombro suavemente, volví a la conciencia ordinaria y abrí los ojos. Me moví con plasticidad, a pesar de todo el tiempo inmóvil que había pasado en esa posición.

Me acosté un rato, me ofreció un vaso de té, los oídos habían quedado muy sensibilizados, ella no hablaba porque lo sabía.

Al rato comencé a balbucear algunas palabras en un susurro, le pregunté por los sonidos, dijo que no sabía nada acerca del gong. Me mostró una campana, ella había visto cómo la construía un chamán amigo suyo, hace unos setenta años más o menos, permaneció enterrada unos cinco años antes de ser usada. Me aclaró que el milagro de su sonido surge del proceso que llevó su construcción, más la energía de las manos que la moldearon.

– Prodigioso, realmente, —exclamé con un poco más de voz.

Cuando le consulté sobre esas pisadas y el resuello que oí mientras meditaba, comenzó a reír. No quería hacer mucho ruido, debido a la sensibilidad en que habían quedado mis oídos, así que ahogaba un poco su risa mientras hablaba. Seguro que fueron las pisadas y la respiración de un pequeño lagarto que asomó sus narices por el hueco de la entrada.

No podía creerlo, para mí fue como un rinoceronte.

Nos reímos las dos de buenas ganas, Ramiro apareció en la puerta con los ojos llenos de amor, sabiendo del éxito de cada una de mis experiencias con los vórtices.

El anciano preparó una comida a base de unas extrañas cebollas y unas hojas verdes parecidas a la espinaca pero de un sabor más dulce. Le agregó un poco de yogur sin sabor y frutas secas. Había huevos de codorniz y unos quesos saborizados con hierbas muy perfumadas que Roberta había elaborado.

La mesa estaba llena de manjares, bebimos jugo de lima con hojas de menta. Este brebaje estallaba en la boca con un sabor enigmático, sutil, indispensable con esa comida.

Nos dijo que habíamos hecho un trabajo magnífico y me preguntó respecto al gong.

Sonreí comprendiendo, al fin, aquel sonido. Le agradecí su ayuda, fue imprescindible para el éxito de la meditación. Se miraron y jugaron a no estar orgullosos de mí.

Volvieron a comentar que lo estaba haciendo muy bien, y me recalcaron que si bien ellos estaban "recordándome" un conocimiento que yo ya conocía, se notaba la total entrega de mi alma para recibirlo. Su enorme delicadeza y humildad hizo que me agradecieran el indudable respeto con que debía tomar el aprendizaje.

Me llenó de vergüenza ese comentario, ¿cómo no iba a poner lo mejor de mí ante semejante regalo que me estaban haciendo?

– No lo hacemos nosotros, aclaró Roberta, este regalo te lo hiciste tú misma cuando decidiste vivir un poco más prolijamente que otros.

Supuse que se refería a otras vidas, porque en ésta, la prolijidad siempre fue un arduo intento, la mayoría de las veces inalcanzable.

Comencé a hablarles respecto a algunas consideraciones personales relacionadas con los libros religiosos, para retomar aquella charla sobre supuestos mensajes ocultos en ellos, referidos al pasado y al futuro del planeta.

Roberta fue la que comenzó a hablar:

– Tenemos que tener mucho cuidado con esos temas. "Libros religiosos antiguos" no significa "libros religiosos llenos de verdades". Hubo mucha manipulación por parte de los hombres, el miedo y el poder fueron los dos elementos que más se jugaron dentro de esos libros, para así dominar a los que no conocían, ergo, el resto del mundo.

– Exacto —acotó él—, aquellos primeros textos auténticos y sin tanto manoseo humano contenían más verdades que los que nos llegan ahora: versiones de versiones de versiones, acomodadas a gusto y placer de las intenciones de quienes "recopilan" o "traducen" cada uno.

– ¿Manoseo humano? —pregunté.

– Ramiro tiene razón —dijo Roberta—, cuando aún estaban "ellos" entre nosotros, colaborando con nuestra raza, se preocuparon por dejar toda la información posible, para las razas futuras. Siempre lo hacían en textos ocultos y en jeroglíficos, para que se pudieran leer cuando el hombre hubiera alcanzado el nivel álmico necesario. Las verdades se abren ante los ojos del que comienza a ver, se prende toda la luz que la oscuridad de la ignorancia estaba negando hasta ese momento.

Eran seres hermosos, con almas transparentes, puro amor al servicio del cosmos. Estuvieron por toda la Tierra; Ra no fue patrimonio de los egipcios solamente, ni Quetzalcóatl de los mayas. Cruzaron toda la Tierra sembrando nuevos conocimientos para que el hombre evolucionara y le quedara testimonio de su existencia. Seguramente ellos sospechaban el futuro inmediato y buscaron así resguardar el patrimonio terrestre de ese momento. El diluvio fue la consecuencia que ellos creían que iba a suceder, y así fue. Casi el ciento por ciento de lo que estaba sobre la faz de la Tierra desapareció.

– ¿Qué versión tienen ustedes de aquel hecho?

– Fue una contienda estelar . . .

– ¿Contienda estelar? ¿Se refiere a seres de otros planetas que vinieron a la Tierra a pelear con los hombres?

– Si lees la mayoría de los libros religiosos, están plagados de indicios en este sentido, "ángeles y dioses" que suben y bajan del cielo por escaleras, "sonidos estruendosos" seguidos de humareda y fuego, "carros" que surcan el firmamento transportando a esas deidades, "dioses" que pelean con los hombres, que se equivocan, que se arrepienten, que se enojan.

En fin, podemos estar todo el día mencionando esos hechos "religiosos" que, además, son a veces una copia corregida y aumentada de relatos mitológicos que los antecedieron. Sólo le agregaron algunos elementos como: misterio, miedo, subordinación, todos realmente poderosos, para así confundir y cuidar que nadie más decida comerse otra manzana.

Las armas que se usaban en esas guerras hicieron que se desencadenara ese diluvio, pero sin dioses ni ángeles, sino con seres que llevaban intereses personales y actuaban en consecuencia.

– ¿Cómo se localizan esos libros antiguos escritos por "los originales"? —pregunté un poco insidiosa—.

– Si realmente buscas, no tengas dudas de que vas a hallar — completó Ramiro con decisión—. Hay intereses que hacen muy difícil su acceso por las vías normales, pero los que los guardan tarde o temprano tendrán que mostrarlos a toda la humanidad pues necesitarán la colaboración de muchos de aquellos a los que jamás pensaron recurrir para poder esclarecerlos y sacar alguna ayuda en concreto, y que le sirva a todos los pueblos por igual.

– Fue una charla conmovedora —dije—, sus comentarios corroboran otros relatos que me contó mi maestro Chi-Sa.

– ¿Te había comentado ya el vórtice que trabajaremos mañana? —me preguntó Roberta.

– Sí, claro —contesté casi distraída—, el del ombligo, que tiene que ver con las enfermedades del colon.

Los dos se miraron con miradas llenas de amor y complicidad, me miraron con los ojos pintados de esos sentimientos. No sabía en qué "había metido la pata", pero sonaba a eso.

– Creo que no te lo había dicho aún —dijo en un susurro, como para no agregar más leña al fuego de mi asombro.

Me quedé mirándolos con toda la emoción a cuestas. Estaba confundida, dejamos de hablar y el silencio puso tranquilidad en mi cerebro. Decidí irme a dormir, levanté la mano como saludando desde un tren, ellos hicieron lo mismo entre risas.

¿Cómo había podido saber el vórtice de mañana? Era la primera vez que dejaba fluir mi intuición con tanta soltura. Creo que me hizo la pregunta en el momento exacto, cuando mi cerebro estaba ocupado con sus historias, entonces la que elaboró el pensamiento fue mi alma; desde allí es que surge la verdad. Fue un buen paso hacia esa "cima" de mí misma, que Roberta impulsaba a conseguir en sus conceptos.

Fue difícil dormirme, toda esa información había incorporado más conocimientos a los que me había transmitido Chi-Sa. Pertenecían a dos pueblos tan distantes como diferentes y sin embargo, los unía una misma teoría cosmogónica. Y como en aquel momento, el relato de los dos chamanes era para mí, mucho más convincente y respetuoso que todo lo leído en muchos libros religiosos, no ofendían mi capacidad de razonar.

Los jerarcas de las religiones del mundo se adueñan de la información que ayudaría a sacar los miedos, culpas y fanatismos a los fieles. Hasta ahora ayudaron a ocultar la verdad en textos confusos, y ésta fue el arma con la cual dominaron a los creyentes, pero creo que el hombre actual se hace preguntas desobedeciendo un poco más al "pecado" de pensar distinto. La mayoría necesita respuestas más respetuosas que las que vienen escoltadas por el fanatismo, que algunos llaman fe.

A pesar de haberme dormido muy tarde, me desperté muy temprano; estaba bien descansada. Oí ruidos en la cocina y decidí levantarme.

Ahí estaban los dos, ya preparándose para desayunar y luego partir hacia nuestro próximo vórtice.

Roberta estaba colocando el pan sobre la mesa, íbamos a desayunar muy frugalmente, lo hacía como todas sus cosas, casi danzando, todo desde ella salía de un lugar cierto del placer y se notaba. "El hambre" tiene mucho que ver con la mala canalización de la energía, que luego se transforma en ansiedad, —decía mientras acomodaba los utensilios como para una ceremonia—. "Nosotros comemos bien poco", ahora lo hacemos más seguido porque estás halagándonos con tu presencia; por lo general, hacemos una comida por día, muy liviana, y bebemos muchos jugos y agua.

A juzgar por sus cuerpos, daban la impresión de estar bien nutridos. Tenían cuerpos firmes y no demasiado delgados. Les comenté que ella no tenía para mí el aspecto físico de la mayoría de los indígenas de América; era alta, cabellos marrones, su piel tenía un suave color miel. Le dije que se parecía a mi abuela, que era una italiana del norte, más que a una raza indoamericana.

Fue hasta su cuarto y trajo una fotografía de familia. Era un grupo de treinta personas más o menos, dispuestos para la típica foto familiar, con atuendos y peinados evocando a la tribu que pertenecían. Me imaginaba los colores de sus ropas, un arco iris interminable de composiciones y dibujos incas.

– Esta foto fue tomada en 1930, ésta soy yo, estoy sentada al lado de mi madre —me indicó.

No podía creerlo, los años casi no habían pasado para ella. Nadie podía imaginar siquiera que habían transcurrido desde ese momento, más de 70 años para esa mujer.

Luego de pasar por ese momento de enorme asombro, volví a la fotografía. Eran todos altos y de miradas dignas, no había sonrisas, pero sí mucha ternura en el gesto de sus labios.

Dijo que el linaje de su familia venía de una tribu remota que había habitado el suelo peruano en el tiempo de los Chabines, y que la herencia que ese grupo iba dejando eran generaciones de chamanes muy poderosos. Su origen era tan remoto como sus conocimientos, pero tan inalterables y nobles como todos sus ancestros.

Le bastaron sólo unos minutos para relatarme su estirpe. Una breve historia en una larga generación de solidaridad y amor.

– Su nombre tampoco forma parte del vocabulario inca o pre-inca —le dije.

– Eso es un poquito más complicado de explicarte, pero lo haré lo más sencillo posible, si me prometes oír y no ahondar el tema por ahora.

– Prometido.

– Los chamanes llevamos nombres que no son elegidos según las tradiciones acostumbradas, pues cada nombre encierra un mantra muy poderoso. Ese mantra es la manera que tenemos de comunicarnos entre nosotros, estemos donde estemos. La vibración del nombre hace que inmediatamente "sintonicemos" con quien lo pronunció; entonces nos entregamos a intercambios muy relevantes, siempre lo son. Nadie pronuncia el nombre de otro si el contacto no es sumamente importante. Es una ley muy respetada por todos, por lo tanto cuando decidimos salir a transmitir nuestras enseñanzas a futuros chamanes, o a quienes tengan que colaborar en algo con sus hermanos, nos re-bautizamos. Roberta era una niña que conocí en un mercado de flores y Linhares era el apellido de su madre.

Lamenté la promesa, pero nada podía hacer.

Caminábamos por la ladera de las montañas, cada uno llevaba un pequeño bolso, yo había agregado mi grabador, inseparable compañero en este viaje.

– El egoísmo no deja que la energía fluya libremente por nuestro ser, la mezquindad es como un puente roto entre nosotros y todo lo demás.

Roberta comenzó a comentar sobre el vórtice del ombligo sin anuncio previo; había que estar siempre atenta. La atención es la actitud constante de un guerrero espiritual según Chi-Sa. Había aprendido esa lección.

– Nada nos pertenece totalmente, excepto nuestro espíritu, es lo único "único" que tenemos, pero nada más, incluso la sabiduría que encierra pertenece a todo el universo. Nada es nuestro. Cuando poseemos estamos poseídos; para sacar el brazo del cuello de la botella hay que abrir el puño que encierra lo que habíamos poseído.

El egoísmo de pensar que algo es nuestro es una idea equivocada que el materialismo nos ha hecho creer, pues en el universo todo se comparte; desde la más pequeña partícula elemental hasta una estrella conocen ese axioma. La brevedad de la existencia nos da un parámetro de la vaguedad de nuestras posesiones.

Cuando recibimos algo, no lo recibimos de quien nos lo da, sino que solamente es un puentecito para que ese algo llegue hasta nosotros.

Ella hablaba como un poeta inspirado ante la visión de su musa.

– El hombre siente que su mujer es su posesión, la mujer siente que su hijo es su posesión, el niño piensa que sus juguetes son su posesión. Poseemos el amor, la libertad del otro, las flores de nuestro jardín, nombramos con nombre propio a la gran deidad creadora y la poseemos hasta defenderla con nuestra propia vida, incluso, aunque el otro pierda la suya. Ésa es la verdadera locura, no los actos de magia que puedes presenciar a nuestro lado.

Cuando acumulamos y no damos, todo nuestro cuerpo se vuelve tan egoísta como nuestra actitud. Los alimentos que ingresan a nuestros intestinos se acumulan también, se detienen emulando nuestra forma de ser. El colon es el intestino que desecha todo lo que no sirve. Cuando la energía de lo que poseemos no es repartida, no es entregada para que circule como es ley, comienza a acumularse, y el colon que también debe vaciarse de lo innecesario, se enferma, porque no hace su trabajo naturalmente, sino que actúa según el cerebro que lo gobierna.

Todo lo que no compartimos se transforma en basura para nuestra alma. No podemos acumular mientras mueren de hambre y carecen de necesidades básicas tantos seres en este mundo. Además, el egoísta se queda con lo que nunca le perteneció. La naturaleza es altruista, sólo el hombre posee y puede optar por no ser generoso.

El ser humano se ha vuelto cada vez más egoísta a causa de un sistema que lo ayuda a acumular, para resguardar su inseguridad, las enfermedades del colon son causadas por el estrés que nos provoca cuidar lo que poseemos. Esto es cada vez más común en el mundo civilizado.

Cuando nos de vergüenza apropiarnos y defender como fieras lo que jamás es nuestro, vamos a comenzar a aliviarnos de ese mal. Las cosas deben pasar por nosotros, cumplir su función y luego circular. Ésa es la ley solidaria del amor. Circular significa dar y compartir.

Si reconocemos que estamos siendo egoístas, este punto energético libera al colon de su enfermedad.

Dedicamos el día a reconocer hierbas y raíces comestibles, eran muy hábiles para eso. Cuando no podían captar a simple vista si eran buenas o no, usaban todos sus sentidos en esa tarea; a veces las reconocían por el tacto, otras por el aroma, o por el terreno también. Sabían dónde era imposible que crecieran y dónde era común encontrarlas.

Nos sorprendió la noche y los dos emplearon todo lo que hallamos en el día para alimentarnos: raíces, hierbas y semillas silvestres fueron a parar a la pequeña olla donde se estaba cocinando un maíz que habían traído. Me encargué de macerar unas pequeñas frutitas amarillas que habíamos hallado, para luego bebernos ese jugo. Ese fue el elixir utilizado para acompañar la cena. Comimos resguardados en una cueva cercana a La Sala. Al finalizar, los dos trataron de acomodar el clima y comenzaron a conversar en voz baja acerca de las propiedades de un té que estábamos tomando. Cuando fueron las diez de la noche, bajamos hasta la ladera de la montaña para la práctica del vórtice.

Ombligo

Colaboración específica: intestino grueso; colon

El cielo repleto de estrellas se desplegaba sobre mi cara como una panorámica del cosmos: algunos animalitos soltaban pequeños sonidos tratando de intimidarnos, la hierba estaba escasa y el piso pedregoso se iba alisando a medida que acomodaba mi cuerpo sobre él. Ramiro se sentó a unos diez metros con su rostro hacia donde estaba yo, Roberta permanecía de pie, dos metros a la izquierda a la altura de mi cadera.

Pude ver nuevamente la luz rosada de la pirámide, estábamos dentro de su límite.

Cerré los ojos y el aullido de una especie de lobo corrió por mi sangre, enfriándola de repente; no era miedo, sólo experimentaba esa rara sensación en mi cuerpo. En unos instantes el mismo aullido, pero mucho más grave, pasaba a través de mi ombligo. Sentía su vibración ingresando por allí. Se abrió ese sitio como un círculo en el agua. Luego, el sonido cambió. Era como salido del más potente de los oboes. Un tono muy grave corrió ombligo adentro de mi cuerpo, viento y sonido aullaban juntos, era un nocturno para lobo y oboe entrando en mi vórtice.

Callaron esos ecos y una voz humana generaba un sonido de mantra poderoso. La tierra bajo mi cuerpo vibraba al compás de unas palabras que no podía reconocer pero cuya fuerza llegaba por entero a mi vórtice.

Una especie de "M" prolongada sostenida casi al borde de lo imposible abría ese sitio llenándolo de una dulce y casi dolorosa sensación.

Retornó el viento, casi con malicia, a buscar su lugar para despertar mi centro energético. Se metía en mi ombligo y se acomodaba allí como ratificándole a mi conciencia ese espacio para la sanación.

El viento terminó por ejercer una dulce presión . . . Todo se transformó en pura calma, sólo una brisa tibia pasaba por el círculo gigante que era ahora mi ombligo.

Sentí una suave presión allí, tuve ganas de llorar, tenía una sensación de entrega y desprendimiento invadiendo todo mi corazón, lloraba y gozaba al mismo tiempo.

Al rato abrí mis ojos. Ella tenía su mano cubriendo mi ombligo, algo muy maravilloso se había abierto dentro de mí. El vórtice era sólo la muestra externa de esa realidad interior.

La sensibilidad era tal que temía tocar esa zona. Sabía que no podía haber un hueco allí, pero ¿quién podía bajar a tanta realidad luego de semejante experiencia?

Quedé mirando el cielo, tan cercano como amistoso en esos momentos. Roberta me pidió que me quedara allí, ellos se fueron hacia La Sala.

Nuevamente sentí la energía de su mano sobre mi vientre y me desperté. No había nadie cerca de mí, estaba en medio de la noche completamente sola. No oía sonidos, el silencio tocaba mi alma, era paz lo que corría por mis venas.

Los vi llegar, me dijeron que había estado durmiendo por unas horas, que debíamos hablar del próximo vórtice, porque más o menos a las cuatro de la mañana era tiempo de comenzar nuestro nuevo trabajo espiritual.

Les pregunté por qué se debían hacer a horas determinadas en estos casos.

– El día tiene diferentes tipos de energías —empezó ella—, la fuerza de la noche se vincula con energías telúricas, por eso tienes que estar en contacto con la tierra y con los pobladores naturales de ella. El viento, los animales, la música nocturna, te darán su apoyo para tu trabajo.

El colon tiene una directa relación con la materia que viene de la tierra. Al abrir ese vórtice, se descarga sobre ella toda la energía desordenada por la falta de equilibrio entre el dar y el recibir.

Nuestro próximo vórtice es el vinculado con el apego, y la enfermedad que genera son las hemorroides. Lo ubicamos en la zona de la planta de los pies, ese punto está en permanente contacto con la tierra. Las hemorroides están relacionadas con el recto, que es la salida de todo lo que el colon desecha. También aquí, la tierra juega un papel fundamental con su energía para equilibrar ese vórtice.

La tierra a esta hora está en total calma, su fuerza es más poderosa aún, y vas a necesitar mucho de su ayuda.

Estos dos vórtices y sus correspondientes enfermedades están directamente relacionados, como puedes ver. Tanto el egoísmo como el apego son dos errores que el hombre adopta a veces como virtudes, según el ambiente en que se desenvuelve.

Las personas que más tienen y que más quieren tener son muy bien vistas por algunos sistemas sociales, ya que son los que colaborarán enriqueciéndolo a medida que van acumulando. Cuanto más apego tienen a sus cosas materiales, más lucharán para sostenerlas, con grandes costos para su salud.

Terminan siempre siendo poseídos por lo que poseen y defendiéndolo con uñas y dientes. Cuando llegan a ese límite, el dolor les anuncia el extremo a donde han llegado, y traspasarlo significa atravesar la puerta hacia la enfermedad; recién allí algunos detienen su andar, aunque a veces ya es demasiado tarde.

Los apegos muchas veces son afectivos, y la víctima de este tipo de afectos es quien ama de esa manera. Viven dependiendo de las reacciones de la otra persona. El apego es una forma de sostener lo insostenible, y eso insostenible generalmente es la propia seguridad.

– ¿Qué diferencia fundamental encontramos entre los dos vórtices? —pregunté—.

– El egoísta no sabe dar, pero cuando lo hace se desvincula de lo que dio. Sin embargo, aquel que tiene apegos puede, en cambio, llegar a compartir sus cosas y hasta regalarlas. Sus posesiones van más allá de lo que retienen, conservan las cosas aunque ya no les pertenezcan, nunca dejan de pertenecerles, quedan "pegados" a ellas.

– Si hilamos bien fino —dije como para definir más el asunto—, ambos son víctimas de sí mismos.

– Es cierto, en todas las enfermedades los perdedores somos siempre nosotros, pero algunos se van hiriendo en el camino y otros van dejando heridas en todos los que pasan por su lado.

Las heces son los desperdicios que eliminamos. En este caso, esos desperdicios no se evacuan con naturalidad, porque la mente que gobierna ese cuerpo tiene la tendencia a quedarse hasta con lo que ya no le sirve.

Los esfuerzos para eliminar algo que, aunque inútil ya, aún siente que le pertenece, producen las hemorroides, dejando grandes secuelas de dolor cuando la consecuencia final es la definitiva expulsión o pérdida de algo que es irrecuperable.

Los que sienten apegos no terminan nunca de cortar el cordón umbilical con aquello que consideran eternamente suyo, no le sacan jamás la etiqueta de pertenencia.

Se apegan a sus hijos y los llenan de placeres, para que no piensen siquiera en irse de casa, en ninguna parte encontrarán mejor paraíso que allí. Se apegan a sus parejas, de tal modo que si ésta, por alguna razón, decide irse de su lado, la desesperación por el abandono les produce tanta inseguridad que jamás aceptan esa separación y viven pendientes de lo que alguna vez fue 'suyo' y, en algún lugar de su apego, 'siempre lo será'.

Son los que cuando regalan algo, o prestan una ayuda, lo están recordando a cada momento a grandes voces. Nada se queda en realidad en sus vidas, son ellos los que se quedan para siempre en las cosas.

Encontrar ese espacio interior, donde amasamos nuestro amor y nuestra seguridad, es la primera batalla ganada a los futuros apegos.

Planta de los pies

Colaboración específica: hemorroides

Volví a acostarme sobre la poca hierba y en contacto directo con la tierra de esa montaña. Roberta me pidió que recogiera las piernas para poder apoyar las plantas de los pies sobre el suelo. Fue la única sugerencia que dio y se fue a sentar junto a Ramiro justo detrás de mi cabeza, como a unos veinte o treinta metros.

Las plantas de mis pies estaban desnudas sobre el suelo, ése fue el punto de atención que comencé a ejercitar, lo que al principio fue un hormigueo se transformó en un montón de hormigas entrando por ese vórtice. Hormigas que sentía caminar una por una, miles de diminutas patitas me recorrían la piel y luego como por un hueco se metían adentro. Por momentos entraba en pequeños espasmos de desesperación, pero me calmaba al instante. Luego fueron unos alargados y frescos cuerpecitos reptando por la planta de mis pies, allí abajo había un mundo que sólo existía para mi ejercicio. No podía identificar qué era lo que se deslizaba para adentro de mi vórtice, pero el lugar ya era un hueco por donde salían y entraban centenares de animalitos enloquecidos.

De repente un líquido frío comenzó a moverse bajo mis pies, entrando como una pequeña catarata en ese vórtice. Era un agua cantarina. Podía oír su sonido de arroyuelo corriendo, fue un alivio, aunque la sensación era más poderosa que la anterior.

El agua iba tornándose cada vez más helada, luego fue algo espeso, suponía que era una especie de nieve o algo parecido. Pensé que no podría soportarlo más, estaba demasiado fría y un pequeño dolor empezaba a concentrarse allí.

Pasaron unos segundos y el dolor se transformó en una delicada cosquilla, alguien comenzó a soplar ese hueco y sentí la tibieza de su aliento pasar por él. Era imposible que alguien lo estuviera haciendo, las plantas de mis pies estaban aplastadas contra el piso, pensé que podía ser "la ayuda de la tierra" que Roberta había mencionado, pero no podía razonar . . ., y no quería.

La sensación se volvía cada vez más agradable, ahora era como tener mis pies posados sobre flores frescas y de grandes y suaves pétalos. Luego, al fin, eran sólo mis pies sobre la tierra. Cuando los despegué para estirar mis piernas, sentí que despegaba no sólo mis pies sino muchas cosas más desde el fondo de mi alma.

Me despertó un sol tibio de otoño. Había pasado toda la noche allí y el frío no se notó en ningún momento. En la noche la temperatura baja a muchos grados bajo cero en esas montañas, pero yo estaba bajo el resguardo de la pirámide.

Pensé dirigirme hacia La Sala para saber de ellos, pero cuando me paré los vi sentados en la ladera, parecían conversar tranquilamente. Cuando los alcancé, noté que jugaban un juego extraño en una tabla parecida a la de nuestro ajedrez, pero llena de diminutos cuadrados dibujados sobre ella. Ponían semillas de todos los colores a manera de fichas y las movían con mucha rapidez hacia todos los costados.

Notaron mi presencia y abandonaron la extrema concentración que parecía exigir el juego.

Él puso algo de humor en su comentario. Dijo que seguramente necesitaba alimentarme porque anoche había perdido todo por los huecos de mi ombligo y de mis pies.

Le contesté que no era así, que en otro tiempo podía haberme comido hasta el tablero que usaban para jugar, pero ahora sólo tenía un poco de hambre, nada desesperante.

Ellos nunca me preguntaban acerca de mis experiencias con los ejercicios, creo que siempre lo sabían, pero era difícil acostumbrarme a eso tan fácilmente. Tal vez mi mente racional necesitaba trabajar en ese sentido, aunque respecto a los ejercicios, no tenía ninguna pregunta para hacerles. Todo lo que encerraba misterio para mí no era lo que experimentaba, sino lo que hablábamos.

– ¿Es algún juego?, pregunté como queriendo participar.

– Es un juego milenario, no tenemos idea de su origen, pero es sólo para entrenar nuestros conocimientos de física y matemática —me explicó Roberta—. Es una parecida a la tabla de los elementos periódicos, pero con algunos aún desconocidos por la ciencia actual. Son 200 cuadraditos con los nombres de todos los elementos: sus pesos específicos, pesos atómicos, en fin, cuando unes todo correctamente: ¡¡¡bingo!!! también podemos realizar todas las operaciones matemáticas que necesitemos.

Hemos hallado muchísimas ecuaciones y fórmulas químicas que luego transmitimos a los hombres de ciencia. Somos muchos los que colaboramos, no creas que todo lo que la ciencia descubre es sólo por sus propios trabajos. En todo el mundo hay distintos grupos de personas que cuentan con técnicas muy antiguas para lograr las respuestas que necesita la civilización, y que vienen practicándolas desde miles de años. Cuando logran algún resultado positivo, inmediatamente se ponen en comunicación telepática con alguien que esté investigando en ese mismo campo, y se le transmite el hallazgo. Claro que estos investigadores jamás aceptarían que recibieron así sus resultados y menos tratándose de métodos de búsqueda tan antiguos, pero revisa los grandes descubrimientos de la ciencia y te sorprenderás de qué manera estos 'sabios' llegaron a los resultados buscados.

– He leído algo respecto a ello —dije—. El matemático francés Poincaré dijo que estaba por subir a un autobús cuando "le vino la idea" sobre la teoría de las funciones. El inglés Penrose cuenta su "anécdota" de cuando iba caminando con un amigo, y de repente se le ocurrió la solución de su trabajo sobre la naturaleza de los agujeros negros. La teoría de la estructura, por ejemplo, del químico Kekule, le "llegó" a través de un sueño donde se disponían grupos de átomos que se atraían y desde allí, sacó sus conclusiones. Creo que fueron más o menos así las historias de estos científicos.

– Recuerda que Einstein no "llegó" a su fórmula —siguió Roberta—, sino que: 'la recibió'. Años después él pudo dar una explicación más precisa de su teoría. No obstante, los avances de la ciencia, luego de Einstein, no fueron de la envergadura que se creía iba a llevar su conclusión. Todavía el hombre de ciencia está con el orgullo enardecido detrás de sus conocimientos, le falta lo que la mecánica cuántica reclama a gritos desde hace más de ochenta años: *espiritualidad*.

Te hemos hablado sobre aquellos seres llenos de amor y sabiduría que la humanidad tuvo como maestros por mucho tiempo. Nosotros hemos recuperado bastante material que ellos guardaron celosamente, este juego es uno de ellos.

– ¿Cómo los hallaron? —pregunté acelerada.

– No buscamos como busca el hombre común, y hallamos como halla el hombre sabio: con amor, sin intereses creados, con la mejor intención, y usando aquellos sentidos que los hombres descartan por contener demasiada 'espiritualidad'.

Pero no debes preocuparte, todo llega a la raza humana a su debido tiempo. Si el emergente de toda la sociedad es de equilibrio, respeto, solidaridad y amor, la verdad se revela ante el hombre.

– ¿Cómo pueden mover las semillas, perdón, las fichas, con tanta rapidez? —le pregunté.

– Contamos con muchos años de práctica —siguió ella—. Ramiro y un chamán mexicano son expertos en el manejo del *Mizchan*, y han llegado a localizar fórmulas que en manos inescrupulosas causarían estragos inimaginables. ¿Consideras que no darlas a conocer es un acto de egoísmo de nuestra parte?

– No, por supuesto que no —contesté algo avergonzada.

– No nos quedamos con nada que sirva a nuestra raza para evolucionar. Te preguntarás, y con razón, ¿quiénes somos nosotros para evaluar lo necesario para la humanidad o el tiempo preciso para dar a conocer nuestros secretos? —me preguntó Ramiro, preciso y con mucha determinación.

Siempre que te hagas esa pregunta, piensa que no tenemos intereses personales, que tenemos mucho amor, que somos solidarios y que sólo obedecemos a nuestra buena intención. Creo que eso te llevará a una conclusión más o menos correcta.

Les pedí que jugaran para poder asombrarme una vez más.

Murmuraban y movían sus manos tan ágilmente como batiendo una crema.

Luego de unos minutos, no pude más con mi genio y les pregunté cómo es que pensaban tan rápidamente y coordinaban sus movimientos con esa velocidad. Parecía que estaban más cerca de una computadora que de un cerebro humano.

– Estamos más cerca de la *mente* que del cerebro —dijo Roberta sonriendo—. No pensamos. Si lo hiciéramos, deberíamos elaborar y podríamos equivocarnos. Si dejamos fluir a nuestra mente, ella hace movimientos que, para la definición común, entrarían en el campo de la casualidad; para nosotros, es un hecho totalmente azaroso. En este juego de azar aparecen los descubrimientos que nuestros ancestros han logrado por milenios. El azar es una ley que desconocemos, pero que funciona a la perfección.

– ¿Cómo es que la desconocen aún? —pregunté.

– A nadie que esté encarnado sobre la Tierra se le ha revelado jamás esa ley; sólo es conocida perfectamente por los que ya no buscan —me respondió.

– ¿Cuánto tiempo lleva llegar a un hallazgo importante?

– Pueden pasar días, meses o años, eso depende de la energía y la velocidad con que se muevan las piezas; cuanto más rápido, más posibilidades, ¿entiendes?

– Sí, claro —dije sonriendo socarronamente—, no era para menos.

Roberta me dejó su lugar, pensaban invitarme a intentarlo, me pareció una locura, pero . . . qué va . . .

Las semillas estaban diseminadas sobre el tablero, sólo quedaban dos espacios libres para poder moverlas. Había contado unos veinte tipos de colores distintos, en muchos casos, no podía distinguir la diferencia entre uno y otros. Cuando los colores similares comenzaban a arrimarse entre ellos era indicio de un futuro hallazgo.

Dentro de esos cuadraditos había letras pequeñísimas donde se podía leer palabras, números, símbolos, signos, fórmulas, algunos de ellos, por demás extraños para mí. No era un juego donde se ganaba o se perdía, ni siquiera finalizaba. Se le mantenía en una esquina de la vivienda y todo el mundo que pasara por allí, familiar o visitante, podía hacer sus movimientos en busca de algún resultado. Cada jugador puede volver a hallar lo mismo que otro con cien años de diferencia. Los hallazgos se reiteran miles de veces, nadie se lleva ningún galardón por más importante que haya sido su descubrimiento. El jugador sabe que llegó a un resultado positivo cuando fichas del mismo color logran juntarse haciendo un dibujo geométrico, o alineadas de manera horizontal, diagonal o vertical. Cuanta más velocidad llevaba el movimiento, pareciera que el resultado fuera mejor, ya que el cerebro no intervenía en el juego, era sólo cuestión de azar. Ellos saben que el azar tal como lo definimos nosotros es un error; le daban ese nombre a una ley que desconocían pero que para su pueblo, era de suma importancia.

Comencé a reírme, no paraba de hacerlo, reía ante mi imposibilidad de llevar adelante ese juego. Me parecía ridículo siquiera intentarlo, era una niña haciendo palotes frente a matemáticos impresionantes; más pensaba y más risa me daba. Ellos trataron de ayudarme dándome alguna técnica que usaban para tener más eficacia en la velocidad de los movimientos de las manos.

Debía sentarme frente al tablero apoyando todo el peso de mi cuerpo sobre las rodillas y tirada casi encima de la tabla. El antebrazo debía quedar muy suelto, las manos relajadas, y el pensamiento sólo se ubicaba en mantener esa postura y esa relajación todo el tiempo. Parecía que mis manos eran "utilizadas" por el azar para activarse. Se usaban los diez dedos, por momentos creía que estaba frente a un extraño instrumento musical tratando de sacarle algún sonido.

Respiré profundo y comencé a hacer todo lo que me sugirieron. No logré ningún éxito; mis manos estaban más lentas que lo normal y sus movimientos me distraían mucho. Detuvimos el juego.

– Si te esmeras será peor. Trata de no pensar en la agilidad de tus dedos, sólo tú y esos espacios en blanco, nada más.
—Ramiro fue directo—. Lo volvimos a intentar.

Mis dedos comenzaron a deslizarse por la tabla. Sólo veía espacios en blanco que debía llenar con la semillita más cercana, ni siquiera pude registrar si respiraba o si el tiempo transcurría. Ellos también usaban este juego como otra técnica de meditación.

Me detuve de repente, noté un impulso que paró mis movimientos, había logrado juntar horizontalmente tres semillas de un mismo color. No sé cómo fue que me di cuenta de ello, la velocidad de mis manos tampoco me permitía mirar lo que hacía, no estaba pendiente de eso. Roberta apareció hablando a mi costado.

—Escuchaste esa información cuando te estábamos dando las técnicas del juego. Tu mente se detuvo porque había encontrado uno de los objetivos.
– ¿Actué como una computadora? —exclamé.
– Algo así . . . — contestó no muy claramente.
– ¿Qué fue lo que hice, encontré algo?
– Son dos elementos necesarios para una cadena de aminoácidos que contiene el núcleo . . .
– ¡Correcto! —grité deteniendo su definición—. Se rieron comprendiendo mi ignorancia en esos temas.

– ¿No hice gran cosa entonces?

– No, pero a veces pasan años antes de descubrir algo interesante para la humanidad o quizá sólo para su conciencia. Pero insistimos, mientras tanto, nos divertimos mucho.

– ¿Cómo es que conocen tanto de ciencia? —pregunté intrigadísima.

– Habíamos hablado de los contactos que podíamos establecer a través de la meditación profunda, ¿recuerdas? — comenzó a explicarme él—, donde el tiempo y el espacio tal como los conoce el hombre, no existen, sino que hay una coexistencia de ambos permanente. En esos momentos eternos es donde se puede encontrar toda la información que uno necesita.

Desde ese estado que alcanzamos, podemos oír hablar a científicos prominentes, a sabios de todos los tiempos, asistir a aulas donde se estén dando materias que nos gustaría aprender. Ese estado nos permite 'estar' en los sitios que podemos visualizar, no salimos de nuestra región, pero andamos por todas partes y en todos los tiempos.

– ¡Fascinante! —dije medio perdida entre sus palabras.

Decidieron emprender la retirada, nos encontramos los tres en la ladera encolumnados para volver a la casa.

El andar de ellos era mucho más ágil y regular que el mío. Corrí cerca de Ramiro y le pregunté sobre sus antepasados.

Sonrió como agradecido por mi interés.

– Mi pueblo fue muy singular —dijo—, la chimu fue una civilización muy avanzada, tenía una diagramación perfecta de ciudades y organizaciones civiles; nuestra capital Chan Chan era un paraíso. La vegetación, los ríos, los cultivos en general eran el orgullo de todos. En los relatos que he oído lo asemejaban al paraíso que había en el Oriente Medio.

– ¿Cómo sabía su pueblo que existían otras tierras?

– Bueno, ya te comenté cómo nos vinculamos con todo cuando ingresamos a esos estados; ésa es una manera, pero hubieron otras también.

Tachet Capac nos adelantó de una invasión que íbamos a sufrir en poco tiempo. Él podía viajar por todo el planeta con un equipo espacial al que mi gente temía, por su sofisticación, pues los que 'conocían' eran dos o tres grandes jefes sabios. El resto si bien recibía lo que los jefes compartían con ellos para el bienestar general, no habían alcanzado la misma evolución álmica.

Tachet había dicho la verdad. En poco tiempo mi gente debió sufrir la depuración mediante una guerra devastadora. Algunos jefes decidieron esconderse para poder continuar esparciendo sus conocimientos a futuras generaciones que, de otra manera, se hubiesen perdido. Mi gente no se había tomado el tiempo de imprimir en las piedras lo mejor de nosotros. Creo que esa guerra fue para mostrarnos que la desidia y que "dormirse en los laureles" es un error enorme; lo teníamos todo y confiamos en la eternidad de esa totalidad.

Luego de caminar en silencio unos cuantos metros, me atreví a molestarlo preguntándole acerca de Tachet Capac.

– Tachet fue un elegido en aquellos tiempos cuando la visita de seres de otros espacios galácticos era muy frecuente entre los jefes de las tribus. Estos hermanos trataban de cuidar el miedo que da la ignorancia y sólo se presentaban ante los jefes sabios, pero sus conocimientos terminaban siendo adoptados por todos, pues eran de gran ayuda. Si el jefe consideraba que su pueblo iba a comprender estas presencias, entonces los presentaban ante todos; de lo contrario, sólo recibía la ayuda que venían a traer y luego se la transmitía a su gente.

Pero Tachet no era 'uno de ellos', sino de los nuestros. Era joven, bello, valiente y muy sabio. Su padre lo había instruido para que fuera un gran jefe. Cuando ocurrió la primera visita de estos seres, gustaron mucho de él y lo tomaron como un gran embajador del amor universal. Él repartía su sabiduría en charlas amistosas con todos sus hermanos de sangre, y también viajaba a otros lugares para intercambiar mensajes con esos pueblos más allá de los mares.

– ¿Qué fue de él? —pregunté triste.

– Él peleó con las armas rudimentarias que su pueblo había olvidado mantener vigentes, no hizo alardes de su poder ni se enseñoreó ante los enemigos, se hizo cargo del karma colectivo. Luego retornó en tiempos de los incas, como un gran hombre en esa civilización.

Le agradecí que hubiera compartido su historia conmigo. Sonrió ligeramente.

Esa noche él no cenó con nosotras, fue invitado por Justo a su casa, iban a jugar al Mizchan.

Me tenía intrigada que no me hicieran jamás un comentario respecto a los vórtices, sólo nos limitábamos a realizar las meditaciones para recibirlos y aprender las razones de determinadas enfermedades. Quise saber más.

– Tú nos haces preguntas y nosotros te respondemos — dijo—, en realidad de lo único que hablamos es de las enfermedades y los vórtices, el resto de nuestras charlas son producto de tu interés.

– Me refiero al tema específico de los vórtices, del "por qué a mi? ¿entiende? Me gustaría conocer algo más.

– Ya te he dicho que tú te ganaste todo lo que recibes y también lo que no recibes. Has hecho y dejado de hacer muchas cosas durante tus experiencias de vidas. De lo bueno que hiciste tienes en los vórtices un trabajo beneficioso para tus semejantes. De lo malo, seguramente hubo y habrá dolores anunciando la depuración necesaria.

No es un don, es sólo una tarea. Tómala así, aprende lo que debemos transmitirte y luego haz tu camino.

– ¿Por qué deben ser presentados en estos tiempos al resto de la gente, y por qué lo consideran prematuro?

– Según nuestros cálculos, en una generación más, la sociedad iba a necesitar de los vórtices. Las calamidades que los regímenes político-sociales están haciendo no resistirían más que ese tiempo, y luego los vórtices aliviarían mucho karma personal y colectivo de la humanidad. Todos aquellos que pudieran tomar conciencia de sus errores y contar con la fe necesaria para creer en la energía, podrían evitar, aliviar o erradicar sus enfermedades.

Pero nos vimos anticipados por los acontecimientos, el sistema social se corrompió demasiado detrás de intereses espurios y las religiones del mundo fueron perdiendo su credibilidad por no haber sido directas en sus mensajes. Incluso algunas aumentaron su fanatismo y sus odios haciendo de este planeta una olla a punto de estallar. Necesitamos tiempo para poder instalar los vórtices en toda la sociedad. Es casi el tiempo justo para revertir lo inevitable, o caer en el pozo al que, por ahora, nos llevan los distintos egoísmos humanos.

– ¿Cuánto tiempo?

– Nuestros hermanos mayas tienen el calendario más perfecto que existe sobre el planeta, ellos mencionan el año 2012 como el fin de este sistema de cosas. "Fin de sistema de cosas", no significa el fin de la humanidad. La elección, de todos modos, siempre es nuestra.

– ¿No piensa que mucha gente tendrá dificultades para tener "la fe" que usted dice, y que sentirá culpa por no poder llevar adelante el tema de los vórtices? Por otra parte, Roberta, la humanidad se ha visto siempre intimidada por dioses que le exigen fe para salvarla, como si saliera por la canilla de la cocina.

– La fe no es una virtud de algunos elegidos, ni es una emoción, ni un sentimiento, es una consecuencia, siempre lo es, brota de la canilla de nuestra alma sólo cuando activamos "el amor" por nosotros mismos. Si nos amamos, y reconocemos con valentía y humildad los errores que nos llevaron a contraer una determinada enfermedad, en ese primer paso está el cincuenta por ciento de la sanación; el resto es la necesaria humildad de creer que existe algo más que lo que vemos y tocamos.

Deberíamos intentar conectarnos con 'algo más' de lo que somos como materia, con 'eso inexplicable' que nos hace desear la libertad, la dignidad, el amor, y ponerlo conscientemente a nuestro servicio. Ésa es la energía que ingresa por los vórtices para culminar la no tan fácil tarea anterior.

No debes tener fe para que 'alguien' te salve, debes tener fe para 'salvarte' de la vanidad de pensar que todo termina con tu cuerpo físico y con la materia que te rodea. Cuando el hombre recupere el verdadero amor por sí mismo, inevitablemente va a ir en busca de esa energía. Si no puede llegar a esa creencia, el solo hecho de buscar dentro de sí mismo las verdaderas razones de su dolor o de su enfermedad será un trabajo infinitamente válido también.

– Creo que por ahora me queda claro —dije—, si me surgen dudas volveré a preguntar, ¿okay?

– ¡Ok! —dijo riendo mucho.

– ¿Puedo preguntarle qué vórtice haremos mañana?

– Veremos el vórtice relacionado con la enfermedad de Alzheimer, se localiza en la zona de las sienes.

Nos levantamos, desayunamos muy liviano como de costumbre, y nos pusimos a caminar rumbo a nuestra sala una vez más.

Me limité a esperar que comenzara a hablar respecto del vórtice. Me había jurado no abrir la boca; eran tantas las preguntas que tenía que podía desviar el tema de hoy y no sabía cómo tenían planificado el día. Ramiro no vino con nosotras, él estaba con Justo, el aprendiz de chamán, en unas montañas cercanas. Roberta me recalcó varias veces que él iba a estar colaborando como siempre, que eran unas diez montañas al Norte las que nos separaban.

Muchas veces la gente prefiere bloquear la realidad de su vida, decide ponerla en un lugar de olvido, de engaño, de transferencia u otros para, si fuera posible, no volver a ver nunca más el inaceptable rostro de su realidad.

Había comenzado ya el tema, ella probaba constantemente en mí esa atención que llevan los buscadores de sí mismos.

– La sociedad está ordenada de una forma tan opresora, para un ser humano tan débil y proclive al error, que lo ha obligado a establecer el mecanismo de poner bajo la sombra de su inconsciente aquello que resulta inaceptable para ella. Si nuestro hijo no representa el común denominador o resalta por sobre todos, sino que por infinitas razones toma caminos distintos o equivocados, algo hay que hacer "para que no se note". En realidad quien deja de notarlo es quien elige este sistema de enmascarar la realidad, porque los demás siempre son los encargados de ver lo que el "enmascarador" de verdades ha decidido no ver. Generalmente el complot es generalizado, y la familia toda es un arcón de autoengaños.

Vivimos en un sistema que obliga a la excelencia por encima de la excelencia, que nos condena al éxito sin darnos tiempo a pensar que ése puede ser el camino inevitable hacia las enfermedades psíquicas y físicas a corto plazo; que da dinero y que lo saca con la misma facilidad, detrás de un 'confort hiper-tentador' que nos ofrece en la mitad del camino entre nuestra casa y nuestro trabajo. Nos quita todo el tiempo que podamos tener para reflexionar o decidir otra cosa, porque está seguro que perdería un engranaje 'clave' para mantener su perversión organizada. Esto es demasiado para un hombre sostenido, la mayoría de las veces, sólo por su endeble voluntad.

Entonces, si no respondemos a todo este teatro opresor, si tú o alguien de tu familia muestran su indefectible debilidad, la primera defensa es guardarla en la oscuridad del olvido, y 'creemos' que así lo resolvemos.

Bloqueamos el dispositivo que prende la luz de la verdad en nosotros. Lo tapamos por años, fingimos haberlo realmente olvidado, o que 'nunca se notó' o lo transferimos a otros. Así son 'los otros' los corruptos, los llenos de errores, los débiles, los malvados, los inmorales, mientras que, tanto mi familia como yo, nos salvamos de todo, gracias al 'milagro del bloqueo' que le pusimos a nuestra realidad.

Cientos de historias personales y conocidas comenzaron a venir a mi cabeza. Mientras ella hablaba, era imposible no hacer un autoanálisis inmediato de mi propia realidad, ¿si la había tratado como se merecía o estaba también escondida en algún recurso de ésos que ella mencionaba? Al instante comenzaron a saltar para afuera como ranas saliendo de un charco. No podía dejar de sentir vergüenza por algunos de mis recursos, eran tan groseros que solamente yo podía haberlos negado, y no era exactamente ese momento el único que había tenido en mi vida investigando mi propio arcón. Por alguna razón su charla aceleraba como nunca mi necesidad de transparencia en ese sentido. El engaño siempre funciona con uno mismo, el otro es sólo una excusa.

– Así es —respondió ella como si yo hubiera estado hablando en voz alta y no simplemente reflexionando.

Todo ese material en la oscuridad sigue creciendo, y pertenecer o no pertenecer al entorno depende de cuán grande es el arcón que contiene los bloqueos de la realidad.

Ahora se ha intensificado mucho más esta enfermedad descubierta por Alzheimer. Cuando las personas llegan a cierta edad, con sus arcones de realidades ya absolutamente repletos, deciden bloquear definitivamente esa zona prohibida de su inconsciente porque saben que ahora, mucho menos que antes, podrían tolerar tanta verdad revelada.

El olvido es progresivo hasta que llega a ser total.

El colesterol es otra capa que también sirve para cubrir verdades ocultas en los últimos tiempos de nuestra vida. Es quien se transforma en 'la tapa' del arcón, por eso usamos el mismo vórtice de las sienes para erradicar el colesterol de nuestra sangre.

En el caso del colesterol, no nos atrevemos a negar totalmente la realidad, sino que reconocemos el problema sin enfrentarlo. No lo negamos ni lo ponemos en el olvido total, sino que nos persigue como una sombra durante toda la vida. El sufrimiento es constante porque sabemos a qué corresponde nuestra sombra, pero nos sentimos incapaces de ponerle luz para que desaparezca. Poco a poco vamos 'colaborando' con nuestros miedos, mientras acumulamos impotencias y aguardamos el momento en que algo nos salve de esa sombra; seguramente, el olvido total que provoca el mal de Alzheimer.

Ya estábamos muy cerca de La Sala y ella había decidido probar mis conocimientos adquiridos respecto a algunas plantas sanadoras que se podían encontrar en ese lugar. También dejó bajo mi responsabilidad nuestro almuerzo-cena algunas horas antes de la meditación.

Mientras caminaba sola buscando nuestro alimento y esas plantitas cuyas hojas, según ellos, son mucho más eficaces que la medicina química, iba realizando la tarea de concientización de aquellas cosas que fueron ingresando en mi arcón. Mi cerebro se parecía a un charco repleto de ranas saltando hacia afuera; claro que iba a necesitar mucho tiempo para que también saltaran aquellas que mi bloqueo impedía verlas con facilidad.

Había decidido mi menú. La enorme cantidad de flores comestibles que había hallado me sugirió una hermosa y nutritiva ensalada de flores. No había traído ninguna harina de trigo o maíz, por lo tanto tenía que ingeniarme la manera de hacer esas ricas tortillas de maíz y granos de amapola que sabía preparar Ramiro. Un grupo de plantas cuyas raíces son muy parecidas a la consistencia de la papa me dio la idea: las pondría a hervir y luego las mezclaría con las semillas de amapola. Tuve suerte de encontrar algunas pequeñas frutitas de cuntal; nuestra comida finalizaría con ese postre.

No iba a recoger nada de eso antes de hallar algunas hierbas sanadoras, por si acaso demoraba mucho más tiempo del pensado. Quería usar todo muy fresco. Así fue, no aparecía ninguna de las que existían en abundancia en esa zona, estaba haciendo algo equivocado, ¿tal vez no estaba puesta mi mayor atención en ello o debía ponerme un objetivo más claro? Decidí pensar en los dolores reumáticos, y que me daría mucho placer encontrar alguna planta o raíz que aliviaran esos dolores. Determiné "descubrir" mis propias hierbas sanadoras. Tal vez llevaría sólo cizaña o pasto, pero tenía la mejor intención en mi corazón, y esa energía nunca se equivoca.

Regresé con mi tesoro a cuestas. Roberta se alegró muchísimo con la idea de reemplazar harina por esos tubérculos. Empezó a hurgar en el ramo de "supuestas" hierbas sanadoras. Encontró algunas que no me habían mostrado aún, así que supuse que fueron frutos de "mi" azar. No obstante, las enfermedades con las cuales estas hierbas colaboraban eran otras muy distintas a la que tenía en mi pensamiento durante la búsqueda. Dijo que debía prestar más atención cuando se me mostrara una nueva planta, que tal vez me distraje un poco pensando en el almuerzo.

Todo tiene que ver —pensé—. Es una gran responsabilidad conocer y ser una persona consciente, nada es un don recibido, todo representa trabajo. Me aclaró que la buena intención puso algunas hierbas sanadoras en mi camino pero que, solamente la intención no era suficiente en este caso. Hay que ser una persona bastante completa para lograr algo que ayude a nuestros hermanos de manera trascendente.

La comida resultó un éxito, toda una nueva receta. Roberta lo agradeció mucho, era muy humilde y honesta en todos sus actos; un ser transparente y generoso. El mejor regalo que Chi-Sa me había dejado, entre tantos maravillosos.

– Gracias —dijo levantándose del piso—. Seguramente se alejaba a meditar, pues en un par de horas ingresaríamos a La Sala.

Item(s) checked out to Alvarado, Gabriel

TITLE: Louise, soccer star?
BARCODE: 31143006449749
DUE DATE: 04-19-17

TITLE: The poet's dog
BARCODE: 31143011375939
DUE DATE: 04-19-17

TITLE: Mr. Cooper is super!
BARCODE: 31143011313302
DUE DATE: 04-19-17

TITLE: Ms. Cuddy is nutty!
BARCODE: 31143011313419
DUE DATE: 04-19-17

TITLE: Calvin Coconut : man trip
BARCODE: 31143010020437
DUE DATE: 04-19-17

TITLE: Castillos en el aire
BARCODE: 31143009997777
DUE DATE: 04-19-17

TITLE: Adolescentes : transformando tu r
BARCODE: 31143009924631
DUE DATE: 04-19-17

TITLE: Escucha los mensajes de tu cuerpo
BARCODE: 31143007779854
DUE DATE: 04-19-17

Ya sentadas en nuestros almohadones, le pregunté por qué debían ser ésos y no otros los lugares específicos donde se situaban los vórtices, que quién lo había determinado así.

– El mismo que determinó el sitio de cada chakra —contestó distendida—, ¿tú lo conoces? —inquirió.

– No, claro que no —contesté.

– Nuestra cultura es tan milenaria como la de Asia, sólo que ellos pudieron salir con más anterioridad que nosotros a transmitir sus enseñanzas favorecidos por el cercano mundo europeo. Cuando ya ese continente los había aceptado, América se limitó a tomar lo que venía de Europa, como una gran verdad que funcionaba. En cambio, los indígenas americanos tuvimos una pésima publicidad por parte de nuestros "conquistadores" —hizo señas con sus dedos marcando las comillas—. Recién después de mucho investigar por parte del hombre blanco, supieron algo más de nuestra sabiduría ancestral, pero todo es muy nuevo. Tenemos mucho que compartir con otras culturas y mucho también es lo que debe seguir investigando el hombre respecto a la nuestra.

– Lo más importante es que funcione, ¿verdad? pregunté obviamente.

– Así es —dijo—. En el caso de los chakras, los asiáticos lo practicaban como parte de una cadena de logros espirituales muy grandes, estados conscientes a los cuales se llegaba luego de un arduo trabajo con la voluntad y la disciplina. Cuando este conocimiento llega a Occidente, en la mayoría de los casos se omite ese camino y se va directamente a la práctica de los chakras y esto no da mucho resultado si no se practica por un largo periodo, por lo menos para ejercitar un poco la disciplina. El escaso tiempo del cual dispone la cultura occidental no le permite ser consecuente con esos ejercicios, entonces, todos aquellos que llegan a practicar el ingreso de energía a través de los chakras, terminan desistiendo cuando no obtienen el resultado previsto. En cambio para los que toman esa disciplina con más responsabilidad, los resultados son maravillosos.

En el caso de los vórtices es más sencillo, ya que el hombre occidental es muy dado a la reflexión. Las terapias psicológicas colaboran mucho para esclarecer los laberintos interiores del hombre, especialmente la terapia transpersonal, ¿conoces algo de eso? —preguntó.

– Algo —contesté—, he leído al respecto, pero nunca me sometí a ninguna.

– En realidad, debe pasar un tiempo aún para que esta técnica sea aceptada y evaluada por los "ortodoxos" —dijo algo molesta.

Debes ponerte en comunión con tu ser más íntimo, con aquello que saca la multitud 'de ranas' que surgen de tus pensamientos cuando te pones a reflexionar acerca de lo que has puesto en tu arcón de las oscuridades. Los dolores y las enfermedades que padeces o has padecido son una pista preciosa para comenzar esa comunión. Lo maravilloso es comenzar antes y no cuando ya están instalados en el cuerpo físico o en la psique, pidiéndonos a gritos algo de claridad.

Conocer el porqué de nuestros sufrimientos, ver dónde no estamos cómodos, es la primera medida a tomar para entender por qué nos sentimos así, qué nos llevó a ese estado o por qué permitimos que persista.

Sería muy interesante que evitemos comenzar por transferir a nuestros padres, abuelos o a todo el entorno, las razones de nuestras incomodidades. Todo incide, es cierto, pero somos nosotros los que elegimos nuestro entorno. Nunca somos víctimas, siempre somos nuestros mejores amigos o nuestros peores enemigos, dependiendo de las elecciones conscientes o inconscientes que hagamos. Por qué elegimos esto o lo otro es lo que tenemos que elaborar.

Este camino previo de elaboración psicológica, está mucho más instalado en nuestra sociedad que los rigurosos senderos orientales. Creer en la energía o en algo más inefable que nuestro ego, es lo que completa el trabajo de sanación.

Respecto al vórtice de hoy, debes localizarlo en la zona de las sienes. Por allí ingresa la energía que nos ayuda en la valentía de enfrentar lo que no podemos aceptar, a recuperar nuestra realidad, a no seguir cuesta abajo sólo para pertenecer a un mundo que nos pide libertad, amor, honestidad, verdad, dignidad, entre otras monedas de canje.

No esperes llegar a una edad avanzada y perderte entre todas las cosas que pusiste en el olvido, allí se genera esa enfermedad que bloquea toda la memoria definitivamente, metiéndonos incluso a nosotros mismos en el arcón.

– Qué doloroso es ese momento para la familia también, ¿verdad? —comenté.

– Sí, hemos hablado de que toda la familia conspira para que eso que molesta no se revele, a veces lo asume un chivo expiatorio. Otras veces, muchos miembros están comprometidos con la negación, y éstos son los que llevan la peor parte.

— ¿Está bien entonces buscar siempre el diálogo en la familia, revelar verdades ocultas, hablar?

— Sí, ése es un buen comienzo, excelente: hablar.

Sienes

Colaboración específica: enfermedad de Alzheimer; colesterol

Me pidió que me concentrara en los sonidos del ambiente. A esa hora y en medio de las montañas, no había mucho que oír; además, La Sala era bastante hermética. Esto proporcionaba el silencio ideal para los trabajos que se realizan en ella.

De pronto comenzaron a aparecer voces de animales, insectos, pájaros nocturnos, viento, pisadas, como si estuvieran a mi lado. Había agudizado mi atención hasta poder oír lo que, en estado de conciencia normal, hubiera sido imposible. Eso me dio la profundidad necesaria para la meditación del vórtice.

Sentí que cada uno de esos sonidos ingresaba individualmente a mi interior . . .

Ingresó la voz de una rana, y su croar comenzó a caminarme, su presencia y su recorrido eran absolutamente localizados por cada lugar donde pasaba. Advertí que en un momento eso tenía que salir de mí, ya que no era su lugar natural. Pensé que podía salir por la boca o los oídos, pero al tiempo me di cuenta que estaba equivocada. Comenzó un latido enorme en la zona de mis sienes como dos corazones palpitando a punto de estallar. Sentí una fuerza centrífuga pugnando por abrir ese centro y salir disparada hacia afuera. Pude localizar el croar allí, se abrió lentamente como una represa de algodón, el sonido comenzó a salir con un ritmo suave y continuo, desbloqueando ese centro para un fluir natural de mi vórtice.

Luego ingresaron el canto de un grillo, la voz de un búho, las pisadas sobre piedras y pastos, un viento calmo y persistente, un mantra con la voz de Ramiro, una caída de agua cercana, algunas ramas quebrándose . . ., cada sonido recorría mi ser interior y luego salía por mi vórtice de las sienes.

No pude experimentar cuando dejaron de ingresar, porque me quedé dormida mientras ese centro energético seguía trabajando para concientizarse cada vez más en mí.

Cuando desperté, en la puerta de la cueva había una luz inmensa, la mañana estaba bien avanzada, no había nadie ni a mi lado, ni afuera, seguramente querían asegurarse que conocía el camino de regreso. También pensé que quisieron salvarse de alguna de mis preguntas. Eso me causó gracia y la gracia generó una dulce energía para mi alma, supuse que con el tiempo los vórtices iban teniendo mayor presencia, y el del buen humor era como oler un ramo de flores silvestres al amanecer.

Llegué a la casa y tampoco había nadie allí, como si se los hubiera tragado la Tierra. Tomé las cosas con calma y entré a ducharme.

Mientras caía el agua sobre mi cuerpo, hice un repaso de los vórtices abiertos hasta ese momento, traté de comprobar qué sentía cada vez que los identificaba conscientemente. Noté que cada punto tenía una presencia única entre todo el resto de mi cuerpo. Cuando pensaba en cada uno de ellos, tomaban una especie de protagonismo supremo.

Con los ojos cerrados y respirando tranquilamente, iban apareciendo cada uno y todo mi ser se unificaba sólo en ese centro, era casi inevitable, una fuerza más allá de lo que podía manejar. Cuando buscaba el próximo, el anterior dejaba su primacía y la tomaba el que había decidido identificar.

Luego de abrir cada vórtice, quedaron para siempre en mí, basta sólo una primera identificación consciente de cada uno y se incorporan como algo más a nuestro ser. Ya no eran sólo mi nariz, mis sienes, mis oídos; sino la nariz y yo, las sienes y yo, los oídos y yo . . . Eran personales y poderosos. Presencias que volví a despertar y que ocuparon su lugar mucho más allá de mi dominio, y para siempre.

Lo único que requería una tarea diaria era el análisis de mis cosas sin resolver: mis bloqueos, mi disciplina, mi egoísmo, etcétera. Eso era cuestión mía, decisión y voluntad puestas en marcha cuando yo lo deseara. La cuestión de los vórtices era otra cosa, ya habían sido descubiertos y no la iban a poner a prueba cada vez que los necesitara. El resultado había sido logrado y creo que ni la negación tendría ningún efecto.

Traté de ingresar energía en uno, elegí el punto de las alergias, inmediatamente ese vórtice tomó su lugar preponderante, sólo el hecho de pensarlo lo autorizó a ello. El sonido del agua ingresaba por mi nariz como un torrente, al instante mi corazón se llenó de amor y comprensión como al punto de desbordarse. Pasaban por mi mente algunas intolerancias que aún persisten en mí, y sonaban ridículas, lejanas, imposibles de aceptar por mi estado actual.

Nunca había padecido ningún tipo de alergia, pero creo que con este trabajo las alejaba aún más de mí.

Pasé casi todo el día leyendo y escribiendo algunos apuntes sobre las experiencias vividas hasta ahora, una revisión muy necesaria a esa altura.

Aparecieron casi al anochecer, venían risueños como de costumbre, alegres de vivir, con energía para encender la vida a cada instante. Eran hermosos, jóvenes, espontáneos, dignos, virtuosos . . ., una raza de seres verdaderos.

Yo ya había comido, ellos no comentaron nada respecto a la comida. Charlamos un rato respecto al vórtice que me tocaba mañana y se fueron a dormir.

Fue un día mío, estuve con mis reflexiones y mis apuntes, parecía que ellos hubieran preferido que así fuera por alguna razón.

El vórtice de la boca se relacionaba con la obesidad, me dijeron que era la más endeble y mortal armadura de nuestra época. Que la sociedad de consumo está obsesionada en hacernos estallar de placeres muertos, llamaba así a las comidas "chatarra", las bebidas, la ropa y toda la compulsión a los lujos superfluos.

El tema daba para mucho, puse el reloj a las seis de la mañana, tenía que terminar algunos apuntes y luego salir rumbo a las montañas.

Mientras el sol subía en el horizonte, la casa se iba iluminando con esa cálida luz. El otoño estaba siendo gentil con nuestra tarea, los días eran agradables. Las primeras voces de los animales se hacían oír, podía escucharlos como si estuvieran en la puerta y no a más de doscientos metros de allí. Pensé que todos los ejercicios espirituales que habíamos hecho habían agudizado mis sentidos, especialmente el del oído. El piar de los pollos recién nacidos llegaba perfectamente hasta mí. Mis oídos funcionaban como amplificadores, pero no todo el tiempo, sólo cuando prestaba atención a algún sonido en particular, o a los sonidos del alba, como en ese momento.

Nadie estaba muy interesado en desayunar. Ellos prepararon un jugo de tuna al que le habían agregado semillas de tilstal; a mí me resultaba demasiado dulce, casi imposible de tragar. Preferí una copa de yogur.

El día suponía un ayuno total hasta la noche.

En el camino le agradecí a Ramiro su mantra. Había notado que ese sonido fue el que más energía tuvo para despertar el vórtice de las sienes.

Roberta caminaba más rápido que de costumbre, y me costaba mucho llevar sus pasos como de costumbre.

– Suéltate —me gritó—, suelta tu cuerpo, no tensiones tus músculos para andar más rápido, no es eso lo que te lleva, es la fuerza de tu voluntad, es como un remolino en tu estómago. Actúa como una hélice que cuanto más energía le pones, más vuelo agrega a tu andar. Presta atención a ese sitio y busca la energía allí, no habrá atleta más resistente que tú, inténtalo.

Comencé a tratar de centrar mi atención y a sentir la energía en mi estómago. Toda mi mente estaba en ese solo punto, mis piernas comenzaron a sentirse livianas, como si todo mi cuerpo pesara sólo unos gramos. No me costaba llevarlo, dejó de ser una carga, tomé un ritmo uniforme y constante, casualmente nuestros pasos tenían la misma distancia y la misma velocidad, anduvimos así un tiempo. Luego quise poner más fuerza en mi estómago y sentí que podía ir tan rápido como eligiera, subir las montañas y descenderlas con una agilidad sorprendente.

Estrenaba un nuevo descubrimiento, un nuevo poder, y disfrutaba como una niña haciéndolo; ellos observaban y reían jugando conmigo.

No entendía muy bien el milagro que vivía. No podía creer que mis piernas no hicieran ningún esfuerzo, ni mi estómago. La resistencia y la velocidad que adquirían mis pasos eran imposibles de entender racionalmente, pero sí pude comprender con claridad cómo fue el largo viaje de Ramiro hasta la casa de Roberta. Ya había caminado una hora en ese estado y era como si recién comenzara a hacerlo, no había esfuerzos y por lo tanto, no había cansancio tampoco.

Ramiro me comentó que en los tiempos incaicos o pre-incaicos, los mensajes se llevaban corriendo desde un extremo del imperio al otro. Éstos llegaban en un par de días, ya que en cada tramo del recorrido había un relevo aguardando al próximo. El tiempo que tardaría un automóvil hoy sería de muchos días de viaje.

Todo me conmovía hasta el asombro absoluto. Estaba aprendiendo de nuevo a vivir, a conocer dónde reside el verdadero poder, el verdadero conocimiento. Esta gente pura y sencilla guardaba nuestra sabiduría ancestral. Recordaba mientras reflexionaba, con qué displicencia trata la sociedad los temas de nuestros aborígenes y me llenaba de vergüenza la soberbia sofisticada de nuestros sistemas organizados.

Seguía sin entender el tema del tiempo respecto a la distancia real que nos separaba de La Sala. Ya llevábamos más de dos horas y la montaña no aparecía. Pensé que llegaríamos más rápido caminando como los mensajeros incas, nadie respondió a mi pensamiento.

– La obesidad es fatal para los hombres en la actualidad. Esta nueva generación de obesos en los mundos civilizados está directamente relacionada con la generación de bulímicos y anoréxicos, aunque estas últimas atacan más a las mujeres; en cambio, la obesidad es indistinta —comenzó a explicarme Roberta.

En este tipo de enfermedades siempre vamos a hablar de los grandes estragos que hace la sociedad de consumo, como la inobjetable colaboradora para que la gente entre en desesperación o en pánico según como decida responderle.

La tremenda soledad, el miedo, la inseguridad, entre otros, llevan a la persona a tratar de cubrirse de todo lo que la rodea. Comienza a generarse una capa de grasa alrededor de su cuerpo para protegerse de los ataques inescrupulosos que recibe desde el afuera. En realidad son personas muy sensibles y débiles de carácter, con muy poca autoestima.

Desde el afuera nos invitan con manjares cada vez más llenos de calorías y grasas, comidas rápidas, frituras, condimentos que igualan al veneno para nuestras arterias. Los alimentos transgénicos cubren el setenta por ciento de la alimentación diaria; todo agrega constantemente capas de grasa en forma instantánea a los pobres cuerpos humanos.

Luego la ansiedad hace su trabajo prolijamente.

La soledad y la inseguridad eligen atrincherarse detrás de la obesidad, consideran que desde allí son invulnerables. La persona, por lo general, reconoce con muchísimo dolor el débil caparazón que está creando. Sabe que lo pueden derribar con una sola palabra, un gesto, algo que lo enfrente con un poco de su debilidad y que eso haría un agujero en el muro. Ante esto, la respuesta inmediata del obeso es ir al ataque con más comida para que alguna vez ese muro sea infranqueable.

– Hay personas que dicen no comer tanto y que su problema es una consecuencia hormonal —comenté.

– Si pasas un día cerca de una persona obesa o con tendencia a serlo, vas a notar rápidamente que su ansiedad la lleva a ponerse algo en la boca constantemente, y cuando come lo hace de manera abundante, salvo cuando toma alguna dieta. No obstante, los desequilibrios hormonales no ocurren de 'casualidad'; esa es una palabra demasiado cobarde para seguir aplicándola aún en nuestro vocabulario. No entiendo qué podemos aprender así. Dentro de esa lógica no nos hacemos responsables de nada y es la 'casualidad' misteriosa la que nos enfrenta con sus armas, para matarnos o defendernos, según como venga barajada nuestra suerte. No podemos sostener que: 'la culpa la tienen las malvadas hormonas, yo no hice ni hago nada para que ellas me dañen, lo hacen de perversas que son'. Suena infantil este tipo de argumento ¿no crees? Todos 'hacemos' o 'hicimos' algo para estar de una u otra manera, no somos víctimas del destino, ni estamos condenados por ningún dios. La elección está en nuestras manos, pero cuando nos damos cuenta qué débiles y temblorosas son, buscamos inmediatamente un refugio y jamás ningún refugio que no sea nuestro ser luminoso interior va a hacernos sentir realmente protegidos.

La victimización es un argumento muy puesto en los temas de las enfermedades. Recuerda, que no es tan fácil hacerse cargo de determinada instancia psicológica o kármica, para poder llevar adelante la sanación esperada. También la poca humildad hace que tardemos mucho tiempo en tomar conciencia de la verdad que nos llevó a ese precipicio.

– ¿Cómo relaciona la bulimia y la anorexia con la obesidad? —le pregunté para tener más claro sus conceptos en estos puntos, aunque podía intuir su respuesta.

– Es recurrente este tema de la debilidad del ser, pero es el caldo de cultivo de casi todas las enfermedades. En algunos países hacen de la estética física uno de los más preciados valores; las niñas ven en estos cuerpos delgados la única salida para el éxito que buscan. Se autoengañan, haciendo un desborde alimenticio que luego, cuando ya han saciado toda su ansiedad, vomitan para mantener su figura, caiga quien caiga. Por supuesto que siempre son ellas las primeras en caer. La inseguridad no es privativa de la juventud, pero las defensas en esa época de la vida son mucho más vulnerables y tampoco se cuenta con tantos recursos para encontrar los caminos que llevan a un equilibrio interior.

La demanda del mercadeo es feroz, la velocidad de los cambios es cada vez mayor. La cibernética exige cada vez más horas humanas para su autoalimentación, todo este estrés paraliza el metabolismo, nuestras células pierden su memoria y llegamos irremediablemente a los desórdenes físicos. De esta manera es imposible que el hombre se detenga a mirar su espejo interior, a veces es más conveniente una máscara a un rostro. Recuerda que tus gestos de hoy dibujarán tu rostro del futuro. Mientras menos nos conectamos con nuestra alma, más débiles nos volvemos, y más a merced del sistema estamos.

Volver a las cosas simples, a la comida hogareña y natural, a la huerta, a creer en nuestra energía sanadora, a recorrernos por dentro con valentía para no morirnos de inanición de amor, es una urgencia que debemos demandarnos como humanidad.

– Hay algunos sistemas sociopolíticos que no ponen tanto énfasis en lo material —comenté—, para escuchar su opinión en ese sentido.

– El ser humano debe "llegar" a esos estados armoniosos y comunitarios, no debe ser "empujado" hacia determinada conducta social por un régimen que lo conmina a optar por esa forma de vida. La libertad no consiste en elegir lo que ofrece el sistema de turno, sino en encontrar dentro de nosotros mismos la luz que nos guíe hacia la paz espiritual. Desde allí salimos solidarios, limpios de odios y de intereses creados, y sólo así "llegamos" donde esos pasos transparentes, seguros y "nuestros" nos llevaron.

La boca es el vórtice de la obesidad, de la bulimia y la anorexia; ese sitio reordena nuestro equilibrio y nuestra autoestima, nos devuelve la confianza. El camino complementario de reconocimiento interior es necesario, pero éste es uno de los pocos vórtices donde creer hace el milagro.

Vi nuestra montaña de repente, como una aparición fantasmal; llegamos justo cuando debíamos llegar, nunca sucede distinto. Ese sitio queda en mitad de camino entre la realidad y nuestra propia necesidad. Si las explicaciones que me van dando en el trayecto son demasiado largas, La Sala queda a una gran distancia de la casa; si son pocos los comentarios respecto al vórtice que trataremos, queda a poco camino.

Boca

Colaboración específica: obesidad; bulimia; anorexia

Ramiro y Roberta se sentaron cómodamente sobre los almohadones que habían colocado en una esquina de La Sala. Yo me había acostado, por pedido de ellos, frente a la enorme boca de la entrada. El ingreso a esa cueva tenía la forma de una "O" gigante, donde lo que sucedía dentro parecía acontecer en el centro de sus entrañas. Al principio me molestaba un poco la luz que ingresaba, no encontraba la manera de obviar esa distracción.

Unas voces que parecían venir desde el centro de la Tierra inflaron mi cuerpo como un globo. Mi cuerpo etérico pugnaba por salirse de mí, me costaba mantenerlo para poder experimentar el vórtice con todo mi ser. El mantra de esos dos chamanes era como enfrentar un torrente de aguas caudalosas y tratar de frenarlo.

Escuché nítidamente la voz de Roberta pidiéndome que tratara de mantener mi boca abierta, sin hacer ningún esfuerzo, con la abertura normal que provoca la caída de la mandíbula por la propia relajación. Al hacerlo, una bocanada de luz pasó por mi boca con tanta rapidez que parecía haber estado aguardando ese instante por mucho tiempo.

Todo mi cuerpo se extendió en un círculo infinito, como la superficie de un tranquilo lago recibiendo la caída de una hoja. La luz seguía ingresando por mi boca, ahora con la fuerza de un aire pesado, ya no podía sentir esa zona como un espacio delimitado. Toda mi boca era tan inmensa como la entrada de la cueva, buscaba un límite y cuanto más lo buscaba más se expandía. Sentí que mi alma tragaba luz y amor como, un pozo sinfín, el vórtice de la boca me llenaba el alma con su luz, la sensación de un amor incondicional y eterno se instaló en mi conciencia. Había establecido la energía que completaba mi ser, no necesitaba absolutamente nada más que de esa luz ingresando por ese vórtice.

Experimentaba un cálido sentimiento de respeto hacia mí misma que se estaba generando con el ejercicio, y tenía la certeza de que lo cuidaría por sobre todas las cosas.

Podía comprender cómo era vivir con lo mejor de uno mismo, no sabía qué era eso mejor, pero sabía que estaba dentro de mí y que había despertado en mi conciencia. No había palabra, ni objetivo, ni sentimiento, ni deseo mayor que esa calidez de absoluta contención que abrigaba mi interior.

Poco a poco todo fue retornando a la conciencia ordinaria, simplemente abrí los ojos y cuando creí que iba a enceguecerme la luz de la entrada, ya era de noche. Sonreí llena de paz, supuse que a veces el tiempo es un juego de sensaciones.

La mañana apareció como una invitada de honor en mi vida, tenía una enorme alegría de amanecer junto a ella. El vórtice de la boca es un milagro de por sí, como había dicho Roberta. Si bien la obesidad no es un problema para mí, sé que algunos temas de mi salud se relacionan con una no equilibrada alimentación. Ese cálido y consciente sentimiento de respeto y cuidado por mí misma brotó como una flor para quedarse para siempre a perfumarme el alma. Lo que ingrese por mi boca sé que estará directamente relacionado con esa energía.

Dijeron que íbamos a quedarnos para realizar el próximo vórtice por la tarde, que ocuparíamos el tiempo conociendo nuevas flores, plantas y raíces comestibles, también algunas hierbas sanadoras. Ramiro dijo que teníamos que aprender de las arañas, que viven casi sin alimento en los desiertos, sobreviviendo como ningún otro ser vivo sobre la Tierra. Tejen sus redes y las van dejando a su paso. Cuando deciden regresar siempre hay algo para su sustento en alguna de ellas, jamás van en busca de la comida sino que ésta les llega por el solo hecho de la naturaleza que provee. Ellas hacen lo que deben hacer y el resto "lo proporciona el azar".

Dijo esto y comenzó a agitarse con los habituales cascabeles de su risa.

Admito que memorizar tantas hojas y plantas cuesta un poco, ya que algunas no son tan diferentes de otras; sólo la textura las distingue o a veces el aroma. Todo eso lleva a dedicarle un tiempo y una atención muy grande a cada nueva planta. La botánica nunca fue mi fuerte, pero en este caso se trataba de algo más, tenía que aprender a reconocer y a usar perfectamente cada una.

A medida que iba transcurriendo el día, comprendía que la naturaleza provee manjares por doquier, así como también todo lo necesario para sanarnos, pero hemos acostumbrado nuestro paladar y nuestro sistema inmunológico a lo que nos venden y no a lo que nos brinda la vida. Deberíamos imitar a las arañas, caminar por la vida haciendo simplemente lo que debemos hacer y dejar que todo llegue a nosotros según nuestras necesidades, intentar el reordenamiento original de nuestra esencia humana.

Podía reconocer más de quince hojas, plantas y hierbas para diferentes problemas vinculados con los ojos, los oídos, la sangre, el estómago, la piel, con infecciones, heridas expuestas. También podía distinguir arbustos, árboles, flores y frutos que eran imprescindibles para la supervivencia. Me explicaron cómo hacer los utensilios para comer: hay hojas que son perfectos cuchillos y cucharas, si dejamos secar al sol la corteza de algunos frutos, logramos platos y fuentes maravillosos. Aprendí a reconocer los huevos comestibles y de mayor poder nutritivo, y por la forma de los nidos a reconocer también las aves que los anidan. Los distintos sonidos del viento anticipan la lluvia bajo un cielo soleado. Si abrimos el vórtice de la nariz nos resultará muy fácil percibir el olor a agua, aunque esté a metros bajo tierra.

Todo era un canto a la vida, la naturaleza nos guía por caminos fáciles hacia todo lo que necesitamos.

En un instante sentí que la Tierra se revelaba ante mí, se mostraba desnuda y servicial, dadora y gentil, protectora y fértil. Toda la naturaleza cantaba su canción de hermandad conmigo. Una piedra era un maravilloso descanso cuando lo necesitaba y una sartén era magnífica para cocinar huevos y hierbas frescas para almorzar. Ramiro colocó una piedra plana y de poco espesor en medio de una fogata. Cuando la piedra estuvo suficientemente caliente arrojó sobre ella un líquido espeso que había extraído de un árbol que llamaba "el árbol del tiempo", porque sus hojas comienzan a temblar cuando amenaza lluvia, aunque ésta recién llegue un par de días después. Partió los huevitos que habíamos encontrado y puso unas hierbas sobre ellos para sazonarlos. La resina del "árbol del tiempo" evitaba que los huevos se adhirieran a la piedra.

Estaba en una fiesta de bienvenida con la vida. Los chamanes, tan útiles y necesarios como la Tierra misma, abrían una senda de maravillosa solidaridad entre la naturaleza y mi propia esencia. Tenía necesidad de abrazar la vida, de celebrar toda la existencia, de agradecer lo simple, de besar las manos de Dios.

Roberta me miraba con infinita ternura.

– Es la creación la que está feliz por tu despertar —dijo en forma suave.

La abracé para llorar dulcemente.

La tarde fue acercándose lentamente, vino a nuestro encuentro, nos tomó de la mano y nos llevó hasta la cima de la montaña. Ése era el lugar de trabajo para nuestro próximo vórtice.

Nos sentamos cómodamente allí. Ramiro trajo un ramo de flores muy aromáticas, su perfume llenaba toda la cúspide de la montaña, podía asegurar que llegaba hasta el cielo.

Nos reíamos mucho, de una alegría interior que necesitábamos expresar, sin motivos, sin excusas; reíamos, los tres festejábamos la vida.

– Nuestro próximo vórtice tiene que ver con la soledad y la depresión, y el vórtice se localiza en la zona de las mejillas —anunció Roberta.

– La depresión es una antigua soledad de uno mismo —dijo Ramiro— suspirando profundo y mirando el techo de La Sala.

– Es cierto —siguió ella—. Si somos amigos de toda la existencia, si le permitimos a cada cosa existir y expresarse mucho más allá de nuestros gustos y costumbres, la soledad no podrá establecerse en nuestro ánimo. Todo tiene derecho a existir y aprender a amar esa existencia es la clave para estar en permanente compañía. Sólo debemos tomar aquello que está acorde con nuestra vibración y el resto será atraído por otra, distinta a la nuestra, pero de eso se trata la vida.

– De vivir y dejar vivir, —acoté en un intento simplista de resumir su explicación.

– Exacto. Cuando no tomamos la vida como una eterna danza del compartir, nos enemistamos con lo diferente, nos distanciamos de la naturaleza de la vida.

Aquello del afuera que no podemos aceptar es un espejo de algo en nuestro interior que no desea ser reflejado tan cerca nuestro. Podemos, por ejemplo, rechazar el maltrato a los niños, luchar por la dignidad de los aborígenes y defender los derechos humanos y todas las herramientas con las que disponemos para erradicar esos males de la sociedad. Eso es justo y bueno, pero cuando por defender nuestros principios 'solidarios', se van generando sentimientos de odio, de rechazo tan enorme que somos capaces de llegar hasta la violencia para defender nuestras ideas o nuestra moralidad, esta forma de intolerancia crea energías muy oscuras y venenosas dentro de nosotros. Tratamos de combatir un mal con otro mal, luchamos en contra de conductas negativas y ponemos enfrente una solidaridad fundamentalista, tan inaceptable para la sociedad como aquello contra lo cual generosamente luchamos.

Todo lo que odiamos saca a relucir nuestros propios odios. Al final del camino nos vamos quedando solos porque nadie quiere frecuentar el odio, y si lo llevamos dentro disfrazado de solidarios o amorosos ciudadanos, finalmente será la soledad quien nos saque la máscara y nos muestre el gesto que más la identifica: la depresión.

La depresión es la soledad llena de angustias. Cuando nos encontramos en esa isla gigante en la que nos pone la depresión, la pregunta que debemos hacernos es: ¿cuánta amistad tenemos con nosotros mismos? Ésta es una ley universal: la vida nos trata exactamente como nos tratamos a nosotros mismos.

Dentro de la depresión no hay generosidad por nuestra persona, nos maltratamos con la angustia y el dolor que nos produce esa ausencia de nosotros mismos.

Recuerda que el dolor es el que trae el mensaje del error. La depresión aísla a la persona dentro de sí misma y este es un lugar no demasiado grato cuando no contamos con el cálido amor de nuestra autoestima. Somos la presencia más importante para nuestra alma, por lo tanto, ese dolor está diciéndonos que nos planteemos ese reencuentro interior.

Entrar en soledad y en depresión es como haber fabricado una pequeña cárcel para nuestra autoestima. La llave que nos abre la celda está en la solidaridad con nuestro ser interior y con toda la existencia. Los otros nos abandonan porque antes nosotros mismos nos hemos abandonado.

A la soledad entramos solos, pero debemos salir acompañados por la comprensión, tomados de la mano como dos entrañables e inseparables amigos.

– Conozco la respuesta a todo eso —dije—, acostumbrada a las infinitas excusas que ponemos a nuestros problemas. Las personas que sienten soledad o son depresivas dicen que no son comprendidas, que las abandonaron, que una pérdida muy dolorosa las sumergió en la depresión, etcétera, etcétera, etcétera —seguí repitiendo hasta quedar sin aliento.

– Entiendo —dijo—, absolutamente compenetrada con la debilidad que tenemos para asumir los actos de nuestra vida como elecciones propias y no ajenas. Pero la respuesta está en la misma pregunta, siempre es así. Escucha los verbos que contienen las preguntas y verás cuánto más fácil te resulta llegar a la respuesta. Siempre la salud está en el centro del mal, no vayas hacia donde te empuja la pregunta, arremete desde donde se generó. La flor no es más que una expresión de la raíz.

Las personas con esas excusas no se comprendieron a sí mismas, se abandonaron, se quedaron solas, pero solas de amor por sí mismas y un dolor insuperable tiene que ver con grandes apegos, no con gran generosidad. Entonces, tú puedes ver cuántas cosas podemos aprender de nuestras propias excusas. Nuestra alma espera un reencuentro, un gran abrazo con la única compañía que necesitamos: nosotros mismos.

– Hay mensajes erróneos detrás de algunos conceptos —le dije replanteándome un interrogante muy consecuente en mi vida—. La preocupación y el amor por uno mismo se toma generalmente como egoísmo. Se habla de autoestima para darle un carácter más débil a la cosa, ya que la palabra *estima* parece que es más aceptable como sentimiento por uno mismo que la palabra *amor*; suena a contradictorio.

– Todo parte de uno —dijo convincente—. Si estoy enfermo, lleno de dolores, infeliz, inseguro, solo, angustiado, o con cualquier otro mal imaginable, lo que sale de mí es del mismo material. Es como haber descubierto un producto para adelgazar, venderlo como muy bueno, siendo obeso. Si no funciona para mí, no funciona para nadie. No podemos ofrecer fórmulas para ganar dinero si somos pobres.

Cuando el amor por uno está emparentado con el ego, inmediatamente se pone en evidencia y el dolor es el primer mensaje que recibimos para saberlo, aunque, no creas que esto sea tan fácil, hemos creado una enorme resistencia a la humildad para reconocer nuestros errores.

Mientras sentimos dolor, algo aún debemos aprender. Si soy generoso con todo el mundo y no lo soy conmigo mismo, la generosidad no es real. Puede que ayude a mucha gente con esa conducta, que muchos se vean beneficiados en buena hora, pero hay algo que no es genuino, hay algo que no parte de un lugar real, y la última palabra la tiene el dolor.

La gente está muy sola y depresiva porque aún tiene un ego no resuelto, se olvidó del amor por sí misma y da amor sin sentirlo por su propio ser. Siente amor por otros porque, especialmente las religiones, le mostraron un camino de solidaridad equivocado.

La mejor respuesta a esto que te digo la puedes ver en la sociedad mundial. Dime cuán bien está consigo misma y eso te dará un parámetro del amor que usa.

Mejillas

Colaboración específica: soledad; depresión

Ellos se fueron y me dejaron en la cima de la montaña, con todo el precipicio y el cielo como mis únicos guardianes.

El perfume de las flores de Ramiro llenaba totalmente el lugar, cerré los ojos aspirándolo, me dejé llevar por su esencia para llegar hasta la raíz de esa fragancia . . . Con una inolvidable sensación recibía besos en cada mejilla. No eran besos humanos, sino de esas flores, las sentí frescas, aromáticas, y delicadas. Eran como dos labios en forma de flor que besaban mis mejillas, o como dos flores en forma de labios que ponían su

preciosa energía en ese vórtice. No dejaban de hacerlo, me es-
tremecía tanto candor, ese punto de ambas mejillas comenzó a
abrirse como una nube para dejar pasar al sol. Una tibia ener-
gía salía desde allí, la misma que recibía retornaba nuevamente
a la fuente, vórtice y flores intercambiaban su energía de amor.

En algún lugar de mi conciencia estaba comprendiendo que
ésos eran los besos que me debía a mí misma. Que lo mismo que
damos retorna a la fuente desde donde parte. Que sólo podemos
besar cuando primeramente nos hemos besado. Solamente po-
demos amar cuando aprendemos a amarnos.

La sensación de las flores besando mis mejillas continuaba, la
emoción brotó como una cascada espontánea en medio de una
montaña inundando todo mi ser. Las lágrimas corrían por el
vórtice de las mejillas, un eterno dolor se estaba yendo y un
necesario amor por mi persona estaba llegando. Comenzaba a
estar con mi mejor amiga, con mi postergada e imprescindible
amistad interior.

Una serena melodía despedía a las flores de mis mejillas. Me
abandoné a la solemne invitación del sueño. Había recuperado
un precioso tesoro: el amor por mí misma.

Cuando desperté estaba oscureciendo, pensé que nos íbamos a
quedar en La Sala, pero emprendimos el viaje de regreso. Me
levanté a buscarlos. La noche cayó sobre nosotros al poco tiempo, me había puesto detrás de ellos porque no veía casi nada,
los dos caminaban como si no les molestara la oscuridad.

Ramiro percibió esto y me pidió que dejara de temer,
que confiara en mis pasos, pues mi instinto de supervivencia

jamás me iba a traicionar. Sólo que el miedo pone su barrera en esa energía y la bloquea.

Era real, ya no veía absolutamente nada y temía caer a cada paso que daba. La sensación de vértigo era insostenible, el terror fue tal que me tiré al suelo sin aliento. No escuché más ruidos de pasos, a la velocidad que caminaban podían haberse perdido en la distancia o tal vez se habían detenido. Casi no respiraba, sólo quería oír, por más rápido que hubiesen caminado, aún debería estar oyendo el ruido de sus pasos. El silencio era ensordecedor. Había permanecido sola en estas montañas, pero conocía el espacio donde me podía mover; en cambio ahora no sabía si el próximo paso era el maldito abismo.

Era una prueba muy dura, toda la artillería de mis miedos arremetió contra mi cordura. Fuera de la pirámide y sin la protección de ellos, quedaba a la intemperie de esos refugios. Creo que de eso se trataba.

Yo debía ser mi propia guarida, el mensaje caía de maduro, me dejaron allí sin miramientos. Tenía que luchar cuerpo a cuerpo con el miedo, a esa altura ya era pánico, dar pasos iluminados por la luz de mi certeza interior, el abismo estaba dentro de mí, yo creaba mi realidad exterior. Lo sabía.

Parada frente a la nada que me ofrecía la terrible oscuridad, ensayaba pensamientos de certeza, trataba de convencerme, consideré un camino firme y llano delante de mí. Pensé calcular bien mis pasos, de manera tal que el pie donde afirmara todo mi peso fuera el que estaba al costado de la montaña, esto evitaría que el otro pie quedara en el vacío tras cada paso. Nada alimentaba mi confianza, mi corazón estaba enloquecido, yo también.

Afiné mi audición, traté de "sentir" el territorio que me rodeaba. Me agaché nuevamente para pegar mi oído en la tierra, necesitaba un miserable sonido para apuntalar mi intento de valentía. Nadie colaboraba, todo era un complot para erradicar el miedo de mi creación. Comprendí entonces que el miedo se trataba de eso, de "mi creación". Como una deidad prisionera de su propio poder, pensaba la manera de liberarme de esa pequeñez y trepar hasta mi poder interior. La energía se instaló en mis ojos, no podía hacer nada para desviarla hacia otro sitio, ese punto atraía toda mi atención.

NOVENO VÓRTICE

Ojos

Colaboración específica: miedos

Me invadió una intensa sensación relajante, acostarme en el suelo pedregoso de la montaña era casi inevitable, no podía sostenerme ni siquiera sentada, cerré los ojos y me dejé fluir.

Sabía que mis ojos permanecían cerrados, pero la sensación era de tenerlos abiertos; podía ver el paisaje que me rodeaba como si fuera una hermosa noche de verano con miles de estrellas y la luna como un farol, iluminando el paisaje nocturno. Vi brillar los ojos de algunos animalitos que caminaban y se movían con toda naturalidad. El viento levantaba en remolinos algunas ramas de arbustos secas ya libres de sus raíces, vi un pájaro entrar en un hueco de la montaña. Se había corrido el velo de la oscuridad y pude ver la tranquila escena de la naturaleza que antes había pintado como un terrible abismo bajo mis pies.

La energía seguía ingresando a través de mis ojos. Un viento tibio se colaba por allí, abriéndolos como dos soles, aunque sabía que permanecían cerrados. El grito de un pájaro sonó como la nota de la trompeta más afinada que haya podido oír, se deslizó por ese punto de mi atención y acertó en el medio de mi miedo. Algo oscuro y pesado se desprendió de mi alma, podía ver más allá de la oscuridad que imponía mi miedo. El entorno era lo de menos, lo que se iluminó fue la confianza de mi visión interior, ese instinto natural y sabio que había dejado tanto de lado porque no "cerraba" para mis deducciones intelectuales. Es la visión que me cuida y es el refugio de la certeza absoluta.

Pude comprender que el amor es lo único natural y real, y que el miedo traba el fluir de esa poderosa energía. Los abismos aparecen cuando miramos con los ojos de los demás o no contamos con nuestra visión interior. Caemos dentro de nuestra propia oscuridad cuando nos sostenemos en manos ajenas.

La luz dependía de mí; había entendido, el mensaje era perfecto.

Cuando abrí los ojos, allí estaban los dos, sentados a mi lado, los podía ver perfectamente, el miedo me había cegado y caí en sus brazos endebles.

– Piensa en la cantidad de enfermedades que generamos desde esa energía —dijo Roberta—. Sabemos que la experiencia fue dura para ti, pero fue necesaria para contactarte con el verdadero rostro del miedo. El vórtice de los ojos nos devuelve la visión real, nos corre el velo entre la racionalización y la intuición. La razón está emparentada con el miedo, teme todo lo que escapa a sus posibilidades de comprensión, como la muerte, por ejemplo. Tú tenías miedo de caer al precipicio y te cubriste de miedo. Si hubieses dejado que tu sentido común, tu intuición o tu instinto te guiaran, nada hubiese ocurrido, pero para tu razón, esos elementos no se tienen en cuenta. La certeza nace en otra razón y en otros ojos.

Caminamos de regreso sin problemas, yo me iluminaba el camino. "Tú la luz, tú la lámpara". Había leído esta hermosa frase alguna vez, ahora la estaba viviendo.

Me levanté temprano y estuve escribiendo casi toda la mañana. Ellos no mencionaron nada de otro vórtice. Consideré prudente ponerme a trabajar con mis apuntes; me pidieron que no fuera al pueblo ni a los mercados, porque necesitaba seguir conectada con la energía que habíamos creado en todo este tiempo. Ramiro se acercó hasta donde yo estaba escribiendo. Estaba sentada en un sitio soleado cerca de la huerta, me gustaba la tibieza del sol y la serenidad que le daba al entorno la protección de la pirámide, era como estar en un sitio perfecto.

– ¿Podemos charlar un rato? —preguntó respetuosamente.
– Sí, con mucho gusto —contesté feliz—. Hice una mueca con la boca de estar probando algo exquisito y froté mis manos como esperando algo muy bueno, él se rió de toda mi payasada. Reía como un niño saliendo a jugar.

– El miedo y la falta de humor son dos aliados en contra de nuestra salud —empezó—. Ellos son los enemigos número uno, claro que también cuentan con muy buenos colaboradores (hablamos de todos ellos antes de la apertura de cada vórtice). La certeza y el buen humor elevan nuestra energía a esas alturas donde somos intocables para el mal.

Las personas vamos perdiendo la capacidad de la vista a través de los años. La experiencia y el conocimiento de la vida que vamos obteniendo nos van otorgando mayor visión interior; ése es el motivo por el cual, gradualmente, vamos utilizando mucho menos nuestros ojos y respondiendo mucho más a nuestra intuición. No es cuestión de sumar inteligencia, sino sabiduría. ¿Tú entiendes lo que digo, no? —me preguntó rápidamente.

Moví la cabeza confirmando su pregunta.

– No estoy hablando de que las personas ciegas o miopes tengan una mayor evolución álmica; lo de ellos se trata de otro asunto. Ni tampoco estoy diciendo que a mayor miopía mayor visión interior. Me refiero a que, a medida que el tiempo pasa, nos vamos "dando cuenta", vamos siendo más conscientes, un poco más sabios. Por lo tanto, el vórtice de los ojos se va abriendo poco a poco, perdiéndose lentamente también, la plena visión exterior.

– Ustedes no usan anteojos —dije para oír la razón de ello.

– Nosotros hemos abierto nuestro vórtice hace muchísimo tiempo, eso nos libera de perder la visión de los ojos y nos agrega la visión interior. Privilegios de creer —dijo en tono humorístico cerrando pícaramente un ojo.

El miedo, a esta altura de la humanidad, está instalado en nuestro código genético. Hemos convivido tanto tiempo con él, que lo hemos hecho parte de lo humano, y cuando a esos miedos le agregamos los que nos llegan desde afuera, especialmente desde las religiones, mostrándonos dioses violentos y vengativos, el alud es casi imposible de controlar.

Buscar a qué le tememos es un buen ejercicio para conocernos mejor y reconocer nuestros miedos. Sacarles la sábana a esos fantasmas, que no son más que nuestras propias creaciones, nos libera de cárceles inventadas. El miedo ya forma parte de nuestro karma colectivo; entonces, debemos trascenderlo como civilización. Considero que trabajando ese vórtice, nos damos una buena mano con este asunto. No enfermarnos es una decisión —dijo convencido—.

Le pregunté cómo fue que me surgió "naturalmente" el vórtice de los ojos.

– Roberta ya te había dicho que no es sólo cuestión de talento personal sino que, en estos casos, hay que estar en el lugar y con la energía de colaboración justa para que los milagros acontezcan, ¿recuerdas?

Me imaginaba que todo estaba perfectamente ordenado, esta gente vive prolijamente y de manera impecable. Las cosas van sucediéndoles con el suave peso de un destino amigo y servicial que los lleva del brazo.

Se levantó cansinamente, caminó erguido y con paso firme hacia la casa, su luz interior dejaba una estela de delicada fragancia, olía a rosas lejanas, perfumaba los ambientes con sus flores del saber. Cerca de él, se percibían jardines en constante primavera. Sentía un amor inmenso por ese viejo sabio.

¿El nombre Ramiro sería un derivado de ramo?

Mis anteojos aún eran imprescindibles, me los puse nuevamente para seguir con mi tarea.

Estuve sentada allí unas cuantas horas. No había notado el paso del tiempo hasta que el sol hizo gestos evidentes de retirada. Caminé hasta fuera del límite de la pirámide para comprobar la diferencia en el clima: el frío me hizo temblar los dientes. Por la noche la temperatura baja a menos de 20 grados respecto al clima que crea la pirámide.

La cena fue divertida, reímos mucho y contamos anécdotas personales, algunas vinculadas con momentos de nuestras vidas donde nos habíamos sentido tremendamente ridículos. El buen humor fue el protagonista de toda la cena, la risa fue nuestro plato principal y nuestro postre. Esa noche comimos risa.

Roberta era tan delicada y joven en sus modales que despertaba toda mi admiración. La amaba por tantas cosas, aunque consciente de ellas, no podía sumar las razones.

Me fui a dormir liviana de miedos, llena de buen humor.

Salimos de la casa temprano. Cuando nos mirábamos no podíamos dejar de reírnos recordando las anécdotas de la noche pasada. Caminábamos casi saltando, la energía nos desbordaba tanto como nuestra alegría. Nos siguieron dos de los galgos que cuidaban a los animales, el otro se quedó mirándonos partir. Tal vez los perros participarían en mi próximo vórtice.

– El tipo de experiencia que tú tienes en la apertura de cada vórtice tiene que ver, en un gran porcentaje, con la energía que recibes de nuestra parte. No es la experiencia común que tiene una persona cuando intenta abrir sus vórtices, ¿entiendes eso? —me preguntó Roberta.

– Entiendo Roberta, se trata del lugar justo y la energía de colaboración apropiada; esto me queda muy claro. Usted me está tratando de decir que no es exactamente el tipo de visualización que yo logro lo que experimentarán las personas cuando abran sus puntos energéticos.

– Lo importante es el trabajo, la convicción que pongamos cuando comencemos con esta técnica de sanación de que se hará el milagro —siguió diciendo—. No todos estarán asistidos por chamanes ni por guías espirituales colaborando con su energía, serán sólo personas que, en algunos casos, jamás han abordado ninguna técnica de meditación, que no conocen absolutamente nada sobre energía y visualización. Por lo tanto, todo dependerá del grado de convicción que pongan cuando decidan abrir sus vórtices. La certeza de que esa energía ingresando por esos puntos terminará completando la sanación de sus enfermedades, hará que logren la sanación, pero no hay milagro posible sin trabajo de amor, sin trabajo punto —dijo enfatizando las ultimas palabras.

Tú, en cambio, debes vivir este tipo de experiencia para lograr en tiempo acelerado la apertura de cada uno de ellos. No se puede transmitir nada intensa y verdaderamente, si no se ha experimentado aquello que mostramos como cierto. No obstante, esto no te inmuniza a que caigas en enfermedades luego de concientizar los vórtices. Tú decides y armas tu vida. Si alguna lección es dejada de lado o negada, no quedas inmune de que la enfermedad venga a tu encuentro y te muestre el camino errado.

– Sé que con los vórtices tendré una herramienta de luz poderosa, pero estará en mis manos, y eso no representa ninguna seguridad por cierto . . . —dije con la triste impotencia que da reconocer nuestra propia debilidad.

– Quienes más interés tendrán en esta técnica —continuó—, serán aquellos que padecen las enfermedades, porque ellos ya están sufriendo los dolores y buscan todo lo que tienen a mano para modificar ese estado. Por supuesto que esta alternativa será maravillosa, ya que si revisan bien los mensajes del dolor, tendrán en los vórtices una poderosa fuente de sanación. Pero quienes deberían acercarse a esta técnica son los que aún están sanos y desean comenzar a abrir cada vórtice para no llegar a la dolencia futura.

Conocer las razones que nos llevan a determinadas enfermedades y practicar la apertura de sus respectivos vórtices nos acerca a una mejor salud. Siempre la vida consciente depara milagros.

El vórtice que íbamos a trabajar era un enigma, nadie habló nada de él hasta entonces. Esperé atenta, aunque no hizo falta mucho tiempo.

– Cuando el hombre perdió de vista su propio control, se dedicó a controlar su entorno y descuidó el más indomable de todos sus enemigos: él mismo. Tratamos de dominar cada cosa que sucede en el afuera: a nuestros hijos, a nuestra pareja, a los amigos, a las secretarias, al personal

subalterno, a los animales . . . Ponemos leyes rigurosas
para tener más poder en el control, creamos barreras de
todo tipo, fabricamos fármacos para controlarnos a nosotros mismos "cuando nos escapamos del control de
nuestras manos". Nos movemos con códigos irrestrictos.
El hombre es peligroso para el hombre, y esa cadena de
control lo ayuda, generalmente, a detener los inevitables
desbordes personales.

Es muy pesado y casi imposible mantener ese control
constantemente. Hemos puesto semáforos rojos hasta en el corazón. Controlamos los sentimientos, los deseos, las palabras, los gestos, somos absolutamente vulnerables a los límites, y lo sabemos. Entonces, el control
autoimpuesto en todas sus formas, nos ayuda a mantener
nuestra libertad en un corral oculto y discreto.

Ante tanta parafernalia de control exterior e interior,
nos olvidamos de nuestra libertad, que gime, aguardando entre rejas inconscientes por la mano comprensiva y
amorosa que al fin la libere. Cuantos más deseos de dominar tiene la persona, menos dominio tiene de sí misma; es
una regla infalible. La persona que se ha dedicado a tratar
de controlar todo, desde su entorno hasta aquello que se
generaba, incontrolable, dentro de sí mismo al final de su
vida, o no tan lejos, termina siendo presa de una irrefrena-
ble libertad que lo desborda irremediablemente; su cuerpo físico empieza a desesperarse por "ser". Ya sus manos
no quieren estar bajo ningún control, ni sus brazos, ni sus
esfínteres, ni sus gestos. Todo su cuerpo es un tembladе-
ral de libertad pugnando por escapar de ese cerebro, que

puso en los demás la misma técnica carcelaria que se autoimponía. El mal de Parkinson y su indomable control, es la consecuencia final de los controladores.

La humanidad debe tomar conciencia de que el temor a la libertad es lo que transforma al hombre en un controlador. Debe ensayar su poder interior para que nada deba ser controlado. Por el contrario, desde el amor, la energía de la libertad siempre esté desplegada sin miedo a extralimitarse. Cuando el ser humano haya llegado a esa masa crítica de conciencia, este mal hallará también una solución farmacológica. Pero el verdadero trabajo será revisar su temor a la libertad, su intolerancia a la libertad del otro y buscar en sí mismo ese antídoto.

Hablaba sin agotarse, sin desperdiciar una gota de energía. Su voz se oía como la música de un pájaro. Hacía las pausas necesarias sin atisbos de ansiedad. Era gentil, diáfana, intensa; cada vez que empezaba a tratar un tema, comenzaba el aria de Roberta.

– El vórtice se localiza en la palma de las manos, ese punto que, literalmente, sostiene las riendas del control será el que terminará por liberarnos de nosotros mismos.

Apareció la Montaña; ya era hora. No se trataba de tiempo transcurrido ni distancia recorrida, se trataba sólo de necesidad. No podía razonar la cuestión del tiempo real con respecto a la ubicación de La Sala, era un enigma, y ese misterio le otorgaba poder.

Los galgos entraron a La Sala casi con una actitud de solemne respeto. Apenas dieron unos pasos y se acostaron junto a una pared, pegaron sus hocicos al piso y se quedaron en ese estado de sumisión y obediencia absoluta. Ramiro se sentó en la puerta y Roberta lo hizo a mi lado.

Comenzamos a dialogar entre los tres respecto a las plantas sanadoras y las que nos alimentan. Fue una charla enriquecedora y muy festiva. Comenzaron a contar sus primeras equivocaciones con las distintas plantas. Ramiro nos contó que una vez había preparado una comida para él y tres amigos. Era aún muy joven y bastante distraído según él. El guiso de *pacal*, arbusto utilizado como laxante, fue recordado por mucho tiempo entre ellos.

Dentro de mí una fuerza extraña tendía a llevar mi pensamiento hacia el vórtice que practicaríamos; no terminaba por disfrutar enteramente de la charla.

– Olvídate de eso —dijo Ramiro—, no trates de manejar los tiempos y las cosas, todo se dará naturalmente.

Quería estar con ellos y a la vez no perder el hilo de la enfermedad que trabajaríamos. Tal vez siempre había actuado así y ahora recién reparaba en ello. Uno no termina por entregarse por entero a nada, quiere tener dominio sobre todo lo que le pasa porque tiene miedo a recibir cada cosa en un estado de indefinición intelectual; eso era lo que ellos trataban de demostrarme llevándome por temas muy distintos a lo que nos interesaba en ese momento.

– La gente ve el aquí y ahora como un arma de doble filo, temen bajar la guardia y que los acontecimientos los tomen sin la armadura del control, están siempre a la defensiva —dijo Roberta sirviendo un poco de té de su termo rojo. Estaba elaborado con unas hierbas refrescantes, parecidas a la menta.

– Presta atención a este instante y trata de vivir de instante en instante —me pidió.

No era fácil ese concepto para mí: el pasado retornaba como un bumerán constantemente, y cada instante era la preparación para el siguiente. El panorama era bastante desalentador, el "aquí y ahora" era sólo una utopía entre mis futuros logros.

Se corrió el telón del silencio.

Palma de las manos

Colaboración específica: parkinson

– Abre tus manos suavemente y deja que todo suceda allí, que nada pase por tu cabeza, trata de perder el control de lo que vaya a suceder y deja que todo suceda, nada te va a herir ni a molestar. Depende de lo que esperas. Si no esperas, no podrá suceder nada distinto; relájate y entrégate, pierde el control —volvió a repetirme.

Comencé a sentir un intenso calor en las palmas de mis manos, casi insoportable. Ese punto quemaba, pensé que habían acercado fuego o algo incandescente, pero no debía pensar para no

*defenderme. Era difícil, recordé sus palabras: —pierde el control,
entrégate—. Tenía confianza en ellas, sólo desconfiaba de mí.*

*Algo húmedo y fresco tocó mis palmas, no podía imaginar a
qué se parecía; era inútil. Mi cabeza manejaba los hilos para
controlar cada pequeño suceso. Luego de cada sensación venían
cientos de pensamientos a armar su artillería para cualquier
eventualidad.*

*Era un vórtice difícil, tan difícil como entregarnos a los brazos
de la vida con entera confianza, sin miramientos.*

*Volvió el calor, esta vez fue más intenso, sabía que podía sopor-
tarlo sólo por mi convicción interior, no por la sensación que
experimentaba . . . Dejé que se intensificara o desapareciera,
no quería luchar ni jugar el juego del control, había desistido.
Allí estaban mis manos, ofrecidas a la vivencia del momento.
La fresca humedad volvió a recorrer las palmas, luego un hueco
se dibujó en el centro de mis manos, algo suave lo estaba haciendo, poco importaba ya. Con los brazos extendidos y las
manos abiertas de par en par, no esperaba nada más que lo que
estaba sintiendo. La energía seguía atravesando mis palmas,
nada me sorprendía, nada esperaba.*

Me dormí.

Me despertó la respiración de uno de los perros olfateando
mi cara. Estaban los dos a mi lado; los humanos se habían
retirado.

Había oscurecido, tenía que decidir regresar o quedarme
con los animales a pasar la noche en La Sala. Pensé que era
una buena oportunidad para probar mis miedos bajando la
montaña y caminando hasta la casa.

Los perros me seguían de a ratos y a veces caminaban delante de mí; decidí entregarme a su guía, supuse que ellos nunca tomarían una ruta equivocada, que jamás se dirigirían a un pozo o al precipicio. Aunque puse en dudas ese pensamiento, me dejé guiar. No controlaría mis decisiones, ésa era la propuesta. Aún no contaba con la entera confianza en mi persona, pero lo iba a intentar.

Noté que los perros estaban corriendo frente a mí, mientras yo solamente caminaba; había incorporado totalmente la manera de los mensajeros incas para caminar. Esos galgos eran rápidos y estaban acostumbrados al tipo de terreno, sin embargo, se notaba cansancio en sus fauces abiertas y babeantes, en cambio, yo estaba enterita de energía.

Nos acercábamos a la casa, el camino fue tranquilo. Hubo en el trayecto una especial certeza, algo poderoso, acompañándome todo el tiempo. Comencé a reír de puras ganas, de alegría interior; había vencido a alguien esa noche, y algo en mí había perdido su batalla.

Después de tomar un baño, comer algo y leer un poco, ya estaba a punto de dormirme cuando Roberta apareció a mi lado, silenciosamente, con su andar lleno de cadencias. Se sentó en el piso al lado de mi sillón y su actitud puso cierto aire intimista en el ambiente. Me miró con los ojos llenos de luz y transparencia. Su mirada enamoraba el corazón. Dijo bajito, casi musitando: —¡good job!—. Reímos las dos de buenas ganas. Éramos dos amigas compartiendo una íntima experiencia, que no necesitaba de ninguna explicación.

– ¿Habla inglés? —le pregunté en voz baja.

– Conocemos todos los idiomas, a lo largo de las encarnaciones vamos incorporando todas las lenguas, solamente hay que recordarlas —dijo simplemente.

– Sí —dije entusiasmada por el tema—, he visto personas que, de manera espontánea, comienzan a hablar en idiomas que jamás han hablado antes, incluso lenguas desconocidas para los estudiosos del lenguaje, eso me llamó siempre la atención.

– Las personas luchan por diferentes credos, razas y costumbres, y no reparan en que ya han pasado por todo eso durante sus anteriores vidas. A los que podemos ver el pasado en los mundos espirituales, nos causa entre lástima y dolor la soberbia humana. Hemos visto al mismo espíritu reencarnarse en la personalidad de un jefe árabe, que luego fue jefe del pueblo judío. En otro tiempo líder de un movimiento africano, luego comandante de un ejército en China. Siempre tomaba su causa con la misma fuerza de convicción, llevando a todos aquellos que se escoltaban detrás de sus ideales a grandes triunfos como a enormes masacres. En todos los casos su "real lección" era aprender a convivir, a tolerar, a compartir, a ser solidario, a sentir amor por sus semejantes, pero caía en el mismo error vida tras vida.

– En realidad , a ese trato "diferente" con los "diferentes" siempre lo tomé como una estupidez de nuestra soberbia, Ahora, viéndolo en un contexto como el que usted comenta, es mucho mayor la convicción que tengo de "estupidez y arrogancia humana", para definir ese tema —dije.

– Necesitamos reafirmar día a día nuestras seguridades. Reafirmar por otra parte, lo que no podemos confirmar y asegurando aquello que siempre ponemos en duda. Nuestra vida subsiste sobre esta base de arenas movedizas donde, si no tenemos "algo" de dónde asirnos, terminamos tragados por nuestra inconsistente base de certezas. Por eso, este tema de sentirnos "diferentes" es una gran rama desde donde nos agarramos, autoconvenciéndonos de que realmente existe esa diferencia.

– Decimos que somos mejores porque somos blancos; o porque tenemos más dinero; o porque somos más inteligentes; o porque somos los elegidos por Dios; o porque somos más bellos. En fin, miles de orgullosos y estúpidos argumentos, justificando un terror interior, una inconsistencia del amor, una implacable soledad de nosotros mismos.

– Las guerras las hacen los pueblos más miedosos, no los más valientes.

– ¿Cómo es eso? —pregunté ansiosa y apasionada por la conversación—.

– Los pueblos no son más que millones de individualidades ausentes de amor y verdad, o sea, ausentes de sí mismos. Esta masa humana amontona esas ausencias y crea una sociedad despojada de aquello esencial, que es justamente, lo que nos otorga certeza y solidaridad para convivir en comunidad. Defendemos, como sociedad, miles de "tradiciones y costumbres" que no son más que bastones que usamos para sostener muchas veces, los únicos argumentos de nuestra inestable y débil certeza humana.

En algunos casos, esos 'argumentos' ya no tienen consistencia desde un poder de elaboración superior que el hombre fue adquiriendo. No estoy diciendo que debemos rechazar nuestras viejas costumbres, pero sí ponerlas en duda en algún momento, en algún caso para desecharlas si ya no sirven, para adecuarlas a los nuevos tiempos o aceptarlas con más fervor que antes. Deberíamos ponerlas en remojo, ablandarlas, darnos permiso para pensar que pudieron ser buenas en otros tiempos, para otra civilización de seres humanos, pero tal vez para ésta ya no colaboran tanto.

Con tal de sostenerlas, muchas personas, grupos sociales, familias, países enteros, entran en guerras tratando de defender aquello que para ellos es la verdad o lo mejor —según sus eternas convicciones, religiosas, políticas o morales.

El miedo a perder eso que ampara nuestro desconocimiento real del amor y la verdad es lo que crea las peleas entre hermanos —tan miedosos e inseguros como nosotros.

Ese conocimiento del amor no se encuentra en los relatos escritos, ni en las tradiciones, ni en las costumbres, sino en nuestro interior. Hemos proscrito de usarlo para salvarnos y lo hemos reemplazado por convicciones políticas, religiosas, morales y confiando que harán el trabajo por nosotros.

La cinta de mi grabadora había finalizado, eso detuvo unos minutos su argumentación, y me dio tiempo para recordar que debía respirar para poder seguir con vida. Ella leyó mi pensamiento y se rió haciendo ruido con su boca y se la tapó temiendo despertar a Ramiro.

– Los rígidos esquemas sociales y personales para sostener la "base" de nuestra inseguridad producen estragos. Cuanto más duros son los principios a los que nos aferramos, más conmoción vendrá desde afuera para tratar de moverlos o de ponerlos en duda. Las personas que están más arraigadas a sus costumbres, que son menos adaptables a los cambios, terminan trasladando la misma dureza interior a su cuerpo físico. Por eso, la artritis es más común en las personas mayores, porque cada vez se le teme más a los cambios. Si no tenemos un trabajo interior, una espiritualidad libre que nos avale, se impone la inmovilidad y nos vamos endureciendo por completo. Las articulaciones que permiten la flexibilidad de nuestro cuerpo y que los huesos puedan modificar sus posturas, son las que van anquilosándose y endureciéndose a medida que vamos envejeciendo, pero no todas las personas mayores tienen este problema. Esto depende de cómo hemos asumido los cambios en la vida: cuánto valor tuvimos para enfrentarlos y cuánta voluntad y confianza manejamos para no dormirnos en los cómodos laureles de las costumbres.

Una de las primeras regiones del cuerpo que muestran este síntoma son las rodillas, que son las que hacen que la persona pueda ponerse en otra posición: parado, acostado, arrodillado, sentado o caminando. Cualquier cambio de la postura erguida del cuerpo exige la intervención de las rodillas. Son ellas generalmente las primeras que se resienten cuando hemos sido intransigentes con los cambios.

A los países les pasa algo similar: llegan las guerras o los desórdenes de su sociedad cuando no hacen los cambios para un nuevo tiempo de su pueblo. La energía que surge de la masa crítica de ese país o del planeta entero se rebela a un orden establecido, cuando este orden debe hacer los cambios que no se atreve o no quiere por temor a lo nuevo. Pero nada puede resistirse a los cambios, aunque muchos pueblos o muchas personas deciden morir antes que cambiar. El miedo sigue siendo la sombra compulsiva de la evolución humana.

– Deduzco que nuestro próximo vórtice es el de la rodilla, y su relación con la artritis, ¿es así?

– Así es —dijo bajando la cabeza para afirmarse sobre el piso y poder levantarse del suelo—. No la vi hacer esfuerzo alguno, sus rodillas andaban bien aceitadas. Se rió entre dientes, y se fue a dormir.

Recién asomaba el sol y estábamos con Ramiro ordeñando unas cabritas que Roberta cuidaba para obtener su sabrosa leche. Los gallos cantaban su sonata matinal haciendo que nada en ese sitio continuara durmiendo, el sol fue el primero en obedecer.

Uno de los perros se acercó a mí para saludarme a su manera, lamió mi mano sucia de leche y comprobé quien había intervenido en la meditación del vórtice de las manos.

El ritmo de ese lugar era una danza en cámara lenta. Nadie se apuraba, todo fluía naturalmente, cada animal aportaba su colaboración para el sustento de nuestra vida, nadie los maltrataba, y ellos agradecían.

La fuerza de los caballos, la gentileza del trigo, las vacas, las gallinas, las cabritas, las hierbas, los frutos, el agua, la tierra, la energía de toda la naturaleza vibraba y se ofrecía como una flor nocturna para nosotros.

Regresamos con un tarro lleno de leche y algunos huevos. Roberta estaba trabajando en un horno de barro que había detrás de la casa, el aroma que venía desde allí anunciaba la futura presencia del pan.

Roberta tenía un almácigo de mirra, ese pequeño cantero sahumaba toda el área de la casa. No tenía conocimiento de que se cosechara mirra fuera de Asia, pero ella lo lograba. Saqué un pequeño ramito para llevar a La Sala donde íbamos a trabajar el vórtice de las rodillas.

Desayunamos con los deliciosos sabores de la vida natural.

El trayecto fue ágil y silencioso, la montaña apareció rápidamente, como era de esperar.

Quemamos varios montoncitos de mirra y todo el lugar quedó bajo el hechizo del humo que llevaba su aroma.

Ramiro empezó a cantar en su idioma nativo —dulce y poderoso como un mantra—, su voz gutural comenzó a recorrerme la sangre, a filtrarse por mi nariz, a subirse a toda mi piel. Una magia sin igual salía de su boca, se mezclaba con el intenso perfume del ambiente y me enviaba al sitio perfecto de la paz interior.

Rodillas

Colaboración específica: artritis

*Su voz en un momento se hizo inaudible, podía seguir reci-
biendo su energía pero ya no podía oírla. Las rodillas comenzaron a tomar protagonismo, sentí que se inflamaban y se
distendían como si estuvieran hechas de un extraño líquido, ge-
latinoso, espeso y frío. Nuevamente apareció la vibración de la
voz de Ramiro, la "oía" desde mis rodillas. Esa voz no llegaba
hasta mis oídos, ellos se habían trasladado hasta esos dos puntos que estábamos trabajando. Mis rodillas podían oír.*

La sensación era de gozo y calma. Por momentos un hormigueo casi insoportable se arremolinaba en el vórtice, y en otros, el agua fresca de un tranquilo lago se colaba a través de él.

El canto se tornó en un ruido sordo, como un derrumbe lejano, y se instaló en ese lugar. Durante un tiempo casi infinito tronó en mis rodillas. El gozo y la calma se hicieron mayores. La paz que creaba doblegaba toda tendencia a pensar; no podía hacerlo, el gozo me obligaba a seguir su inercia. Mi tendencia era a parar ese estado, limitarlo, "así en la meditación como en la vida", alcancé a pensar, debía cambiar de postura espiritual, aprender a abandonarme a la paz infinita, perderle el miedo a lo que podía terminar desbordándome sin poderlo controlar.

Estaba estrenando una sensación inagotable y para mí, eso siempre debía tener un límite.

Ahora tenía que dejarme llevar por esa paz, sin miedos, doblegarme ante lo desconocido que, en este caso, era mucho mejor que lo conocido hasta ahora.

El intenso perfume de la mirra se mezcló con la voz de la canción, ambos endulzaron ese vórtice un poco más y ponían allí una estela de menta, intensa y fría. Me dejaba invadir por todo eso y cada nueva sensación me conquistaba.

La voz de Ramiro siguió entrando por las rodillas y también podía oírla naturalmente por mis oídos; eso me arrulló para entregarme sin reparos.

Estábamos sentados en la cima de la montaña; ellos, llenos de energía luminosa saliendo de sus ojos para terminar abrazando el misterio de los míos. Cada vórtice que se abría en mi conciencia se quedaba entibiando mi alma, como un nido protector y necesario.

Ellos captaron la calidez de mis pensamientos y se acercaban a mis costados para compartir la dulzura del momento.

La experiencia había sido maravillosa. Cada vez las sensaciones eran más intensas, más profundas. La vibración de mi cuerpo espiritual iba elevándose tras cada vórtice y me llevaba a estados más sublimes.

Tenían la actitud exacta de estar aguardando mi inexorable pregunta pero en realidad se adelantaron y fue Roberta quien comenzó a hablar.

– Sabemos cuál es tu preocupación, pero las preocupaciones no son más que soluciones esperando su tiempo para expresarse — dijo ella como al pasar—. Todo en la Naturaleza tiende a ordenarse, debes aprender a percibir el orden reinante en el caos; el universo es un caos único y de una perfección absoluta. Sin embargo, lo que determina ese "desorden" no es más que un equilibrio y una belleza sin límites.

Hablaba, y sus palabras me sonaban como un *rap* sinfónico.

Se rieron con la alegría desenfadada propia de los niños.

– Hablaba de tu preocupación respecto a la técnica para experimentar cada vórtice —dijo Roberta invitándome a hacerle mi pregunta.

– Creo que la gente —dije sin demora— no tendrá las mismas posibilidades que yo cuando necesiten posicionarse en cada vórtice. Ellos no contarán con su presencia energética, ni con Ramiro, ni con la vegetación y los animales conspirando para lograr las experiencias trascendentales que yo he logrado en cada meditación.

– Claro, te habíamos comentado antes que tú necesitabas la profundidad de estas vivencias para poder transmitir con buen criterio y autoridad espiritual estos recursos energéticos que proponen los vórtices — siguió Ramiro —, pero cada persona que quiera conectarse con esta experiencia deberá realizar un ejercicio más simple, aunque no menos importante que los tuyos. El efecto para el fin buscado será el mismo, sólo cambiará la vivencia trascendental que las meditaciones aportaron a tu conciencia. Con el tiempo, si son consecuentes con los ejercicios, podrán experimentar tus mismos estados, pues siempre se trata de disciplina en cualquier tipo de logro.

– ¿Pueden darme un ejemplo?

Roberta había preparado un texto para mí, pues seguramente ya "sospechaba" mi pedido. Me entregó unas hojas con unas sencillas técnicas de meditación para que pudiera transmitirlas a todos aquellos que quisieran comenzar a despertar sus vórtices.

Meditación diaria para cada vórtice

Meditación para un lugar cerrado

- El lugar donde vamos a realizar el ejercicio debe estar un poco aislado para lograr una mejor atención y relajación; sólo con cerrar la puerta y la ventana será suficiente.
- Ponemos música para armonizar el ambiente. Si no contamos con ella, buscamos alguna audición de radio con música adecuada.
- Prendemos algún sahumerio o unas gotas de perfume en agua caliente.
- La luz del lugar debe ser preferiblemente tenue.

- Nos ubicamos en un sitio donde nos sintamos cómodos.
- Respiramos profundamente inhalando el aire unas siete veces, dejándolo salir con la fuerza natural que trae. Esto nos permitirá distendernos para ingresar directamente al ejercicio.
- Ubicamos el vórtice que vamos a trabajar, nos detenemos en él para enfocar nuestra atención en ese punto.
- Comenzamos a enviar energía allí.
- La energía llegará de manera totalmente personal, pues cada uno tendrá su propia forma de enviar energía. Puede visualizarse como algo líquido, como luz, como aire o como viento. La música también puede ser la forma energética elegida para ingresar al vórtice y lograr abrir ese sitio. Cada uno tiene su energía individual; estas formas energéticas que mencionamos son sólo a manera de apoyo, pero pueden ser otras totalmente distintas y todas son absolutamente válidas.
- Realizamos el ejercicio por espacio de unos 20 minutos, aunque no es imprescindible que se respete este tiempo; es sólo lo recomendado.
- No debemos desesperarnos para obtener los logros; ellos llegarán por el solo hecho de trabajar.

Meditación para un lugar abierto

- Debemos incorporar todos los ruidos del lugar donde estamos y transformarlos en sonidos, pues en definitiva serán los que nos ayudarán a realizar el ejercicio.
- Ningún sonido debe ser mal recibido, todos ellos tienen derecho a existir.

- Respiramos igualmente que en la meditación en ambiente cerrado para lograr la relajación necesaria.
- Buscamos algún sonido que nos dé placer o que nos resulte más armonioso entre todos. Ése será el que terminará ingresando al vórtice que hemos decidido trabajar en ese momento.
- Sólo unos cinco minutos serán suficientes, en este caso, para concientizar el vórtice y poner la vibración necesaria.
- No hay sitios imposibles para realizar nuestro trabajo espiritual, sólo es cuestión de intentarlo.

Comenzamos a bajar la montaña con la agilidad ya acostumbrada. Nuestro andar de mensajeros incaicos nos permitía jugar mientras caminábamos hacia la casa. Casi volábamos, apenas nuestros pies tocaban el suelo pedregoso. Por momentos creí que jamás mis pies se posaron en el piso; había bajado una montaña de unos 2.000 metros y mis piernas estaban bien descansadas, como si aún no me hubiese movido.

Los chamanes comenzaron a entonar una antigua canción. Dijeron que esos sonidos guturales eran equivalentes a los mantras litúrgicos, pero solían cantarlas en los tiempos de cosechas y, cuando iba a nacer un niño, sonaban como flautas lejanas. Mientras cantaban, mi vibración iba modificándose; sabía que estaba ingresando a un estado nuevo de conciencia.

Un océano enorme se abrió ante mí, el asombro y la impronta de la situación me detuvo bruscamente, pensé que si seguía andando terminaría en el agua. Desde mi mente concreta sabía que eso pertenecía a una realidad creada por la magia de sus voces, pero nada hacía parecer que aquello no fuera real, tan real como el paisaje anterior. Ellos ya no estaban conmigo, sólo me acompañaban algunos pelícanos revoloteando la superficie del agua y una solitaria bandada de gaviotas atardecidas buscando posarse sobre la playa.

Recorrí todo el horizonte para averiguar dónde estaba, el miedo comenzó a treparse por mi espalda como buscando su refugio acostumbrado, pero eso duró sólo un instante. Supe de sus intenciones, lo traté como a una vieja y ya no deseada compañía; bastó esa intención para deshacerme de él.

El horizonte era infinito, mi mirada era el límite de toda esa extensión, playas y árboles tropicales, océano y cielo azul, brisa cálida y el misterio absoluto de mi verdadera realidad.

La arena era sólida y muy suave, el agua empapaba mi ropa luego de la llegada de cada ola a la playa. Quise comprobar con mi cuerpo pues en mi mente y ante mis ojos todo estaba perfectamente en orden . . . Tanto aquellas montañas como mi ropa mojada eran inexplicablemente reales.

Algo comenzó a moverse en la distancia. El reflejo de la arena y el sol impedía que supiera de qué se trataba. Por el tamaño supuse un animal pequeño, su paso era lento y casi cadencioso; eso me trajo recuerdos que invadieron mi corazón de una incontrolable emoción.

Lloraba y las lágrimas impedían que viera claramente, me desesperaba por contenerlas y saber de qué se trataba realmente. En mi pecho galopaba la intuición como un animal desbocado. De repente, cerré fuerte los ojos para vaciarlos de lágrimas y poder mirar. Mientras estaban cerrados aún, escuché el maullido inconfundible de Fiush, mi amada gatita, mi adorada hijita en el alma de una gata siamesa; no podía creer lo que estaba sucediendo. Ella estaba allí, junto a mí otra vez. Temblé antes de abrir los ojos. Ahí estaba, frente a mí, tan dulce y especial, tan suave como un beso, tan junto a mí como siempre. Me agaché para tomarla en mis brazos y se dejó alzar como siempre lo hacía: con una entrega total de confianza y necesidad.

Podía sentir su cuerpo, mirar sus ojos, intensamente azules; sentir el frío de sus orejitas, a las que besaba constantemente, estaba linda, joven, adorable . . . Era Fiush.

Hablé con ella largo tiempo, por fin podía estar segura de que entendía mis palabras, lo que siempre sospeché en la otra realidad, pero ¿cuál es la verdadera vida?, ¿aquella en la que la perdí o ésta donde estábamos las dos juntas otra vez? Quizá las dos; nadie podía, ni podrá, convencerme de algo distinto: ambas realidades son La Realidad.

Ella se dejó abrazar y besar como de costumbre, le pedí perdón por mis errores que, yo sé, tocaron su corazón en muchas oportunidades, le prometí regresar.

No sabía por qué lo estaba haciendo, nadie me aseguraba que eso fuera posible en el futuro, tal vez era por necesidad extrema de volver a verla, y eso me autorizaba a soñar y prometer mi sueño.

Hizo su típico movimiento de cuando quería que la bajara de mis brazos, se quedó sobre la arena mirando hacia la zona de los árboles tropicales, y se fue despacio hacia allá. Cuando desvié la mirada para buscar hacia dónde podía dirigirse dentro de esa vegetación, el rostro de Ramiro apareció sonriendo y cantando la misma canción que me envió a visitar a Fiush.

– ¿Pregunto? —dije cansada de emoció.

– Espera un poco —dijo bajito—, como para no molestar mi
maravilloso estado de amor.

Seguimos caminando. Roberta me tomó del hombro y sostu-
vo el misterio de mi vida en ese instante; no podía cargar con
él yo sola, ella lo sabía.

El tiempo era mi amigo, el paisaje amplio y tranquilo de
las montañas alivió mi convulsionado estado interior.

– ¿Cuántas realidades hay? —pregunté con un hilo de voz.

– No sé —respondió él, —supongo que varias.

– ¿Cuántas son "varias"? —pregunté más enfáticamente.

– Bueno, varias y no sé si son la misma cosa —dijo con buen
humor y una especie de sobreentendida obviedad.

Hice una mueca de algo que en algún momento fue una sonrisa.

– Varias —repitió—, podemos estar en todas ellas al mismo
tiempo. Algunos lo hacen de manera consciente, pueden
interactuar simultáneamente. Aquí a eso se le llama omnipresencia.

– Como lo hizo el Cristo —comenté.

– Sí, él fue uno de los grandes maestros que podía vivir en
varias realidades al mismo tiempo. No fue el único, claro, hubo muchos como él; algunos más conocidos, otros
menos. Pero la omnipresencia no nos eleva a la condición
de un dios, sino que es "patrimonio divino" y poder expresar tanta evolución demuestra una muy alta vibración en
ese ser. Los grandes misioneros cósmicos tienen ese logro
como parte de su condición como maestros de luz.

– ¿Cuándo estaba con mi gatita aun permanecía junto a ustedes?— pregunté.

– Sí —dijo Roberta, tomando la palabra—, estabas aquí caminando con nosotros, pero decidiste que era más importante el encuentro con Fiush. Fue tu mente la que eligió la realidad donde querías estar. Todo es cuestión de vibración. Nuestra canción elevó tu nivel energético a igual nivel que aquel donde está ella en estos momentos. El amor te guió hasta donde podían estar juntas, tu ser interior inmediatamente reconoció su nuevo estado y buscó lo que más reconocía allí como deseado.

– Reconozco que yo no fui; ustedes me enviaron a ese sitio.

– Podemos cantar nuestras canciones guturales ante miles de personas y tal vez ninguna logre tu experiencia, no depende todo de nosotros. También el mar esta allí y hay algunos que se ahogan en él mientras otros lo surcan como peces.

– Y otros caminan sobre las aguas —interrumpió Ramiro haciéndome un guiño cómplice.

Tenía capacidad para ir a esos mundos, pero no para fabricar el vehículo. Intenté sostener algunas de sus notas y fue imposible lograrlo, era largo el camino que estaba por delante todavía. La vivencia había sido demasiado sublime como para no volver a intentarlo mil veces hasta regresar alguna vez . . ., como lo había prometido.

Futuros mandamientos y despedida

La mañana estaba radiante pero nuestros corazones jugaban el juego humano de la inexorable emoción. La despedida era inevitable, había llegado el momento.

Los días posteriores al último vórtice fueron de constantes charlas y cientos de preguntas respondidas con la sabiduría que sólo ellos podían contener.

La presencia del Cristo en la zona andina me asombró y aclaró muchas dudas que tenía respecto a él. La transmisión religiosa fue siempre un fraude. Alguien supo que el miedo y la ignorancia eran aliados indiscutibles del sometimiento y aplicaron la fórmula impecablemente.

Cristo tomó en mí una dimensión genuina y mucho más respetada que adorada de manera devocional. El amor anda entre el viento de las montañas y los corazones desinteresados, no en medio de cánones y dogmas que cubren con sus máscaras el rostro puro de la verdad. No fue Jesús el nombre con el cual ellos nombraban a Cristo; a Roberta le gustaba llamarlo El Mesías, pero su nombre era lo de menor importancia. Sus mensajes fueron los mismos que los entregados en Oriente Medio, aunque con un lenguaje plagado de alegría y libertad.

Roberta se puso de pie y lentamente caminó por el patio sembrado de hojas amarillas; el sonido de las hojas aplastándose bajo sus pies ampliaba el silencio de la mañana en ese lugar. Tuve la sensación de que iba a decir algo profundo y tierno, algo trascendente y hermoso. Todo en ella llevaba una actitud sagrada, sus brazos colgaban, distendidos pero atentos, al costado de su cuerpo. Comenzó a hablarles a todos: a las hojas muertas, a la brisa fresca, a los animales, a mi corazón, a la magia del momento, al cielo y a las montañas recién amanecidos; a la tierra, a los gusanos, a los cóndores, al aroma de las flores silvestres, a la luz de Ramiro, a todo lo que vive . . .

Sueña, nunca dejes de soñar, ése es mi nuevo mandamiento.

Ríe, en los momenzos más tristes también ríe,
tu risa hará el milagro.

Florece, tras cada amanecer, florece,
necesito de tu aroma para nuevos paraísos.

Canta, tu canto llenará los ojos del alma, luego cada
mirada creará la nueva música del mundo.

Futuros mandamientos y despedida

Un mandamiento divino siempre es una invitación,
nunca una orden.

Ora al aire libre, que el viento escuche a tu corazón,
después el viento hará su tarea.

Ve y elige libremente a quién orar;
ésa es mi mayor promesa de libertad.

Siente, siente con tu alma alada todas las sensaciones,
de instante en instante.

Ama, el amor no hiere, no se mancha,
no elige . . ., sólo ama.

Imagina, tu imaginación creará la luz
que necesitas para ver.

Tu verdad no siempre te hará libre, pero te abrirá las
puertas hacia el país de la libertad.

Llénate de alegría y amor y haz de tu vida lo que quieras;
es tuya. Pero recuerda, sólo si estás lleno de amor y alegría.

Honra a tus hijos; ésa será la puerta
por donde ingrese la honra de ellos.

Baila y goza cada día en nombre de la creación;
consagra tus días a la gloria de la creación.

Recuerda que, según tus vidas . . ., tus muertes.

El verdadero pecado consiste en no conocer y se agrava cuando
falta tu interés por conocer.

El paraíso es un espacio luminoso dentro de ti,
por donde paseo cada tarde esperando tu llegada.

Sé tu mejor amigo y, humildemente, ríndete a tu esencia.

Sé feliz, ése es mi eterno mandamiento.

Terminó de hablar y todo se sumió en un profundo silencio. Yo estaba recostada en la pared de la casa recibiendo el cálido sol de esa hora. Roberta vino hacia mí y me tomó las manos, me dijo que ésos eran los futuros mandamientos, los de antes, los de siempre, que así les habló aquel maestro maravilloso que anduvo por allí. Buscó en el inmenso bolsillo de su falda un libro, con mucho tiempo y muchas manos entre sus hojas. Ése fue su precioso regalo.

– Éste es nuestro libro sagrado —dijo ceremoniosamente—; cuando lo leas, volarán de ti las culpas y los pecados y sólo te quedarás con la gracia y el amor.

Ramiro nos miraba enamorado de las dos. Ella lo fue a buscar tomándolo por los hombros para, por ahora, su última visita a La Sala. Yo quedé acompañada por la luz de mis lágrimas, radiante como ese sol peruano . . ., o cósmico.

El ruido casi molesto del motor del auto de alquiler ya se dejaba oír, venía a buscarme para regresar a casa.